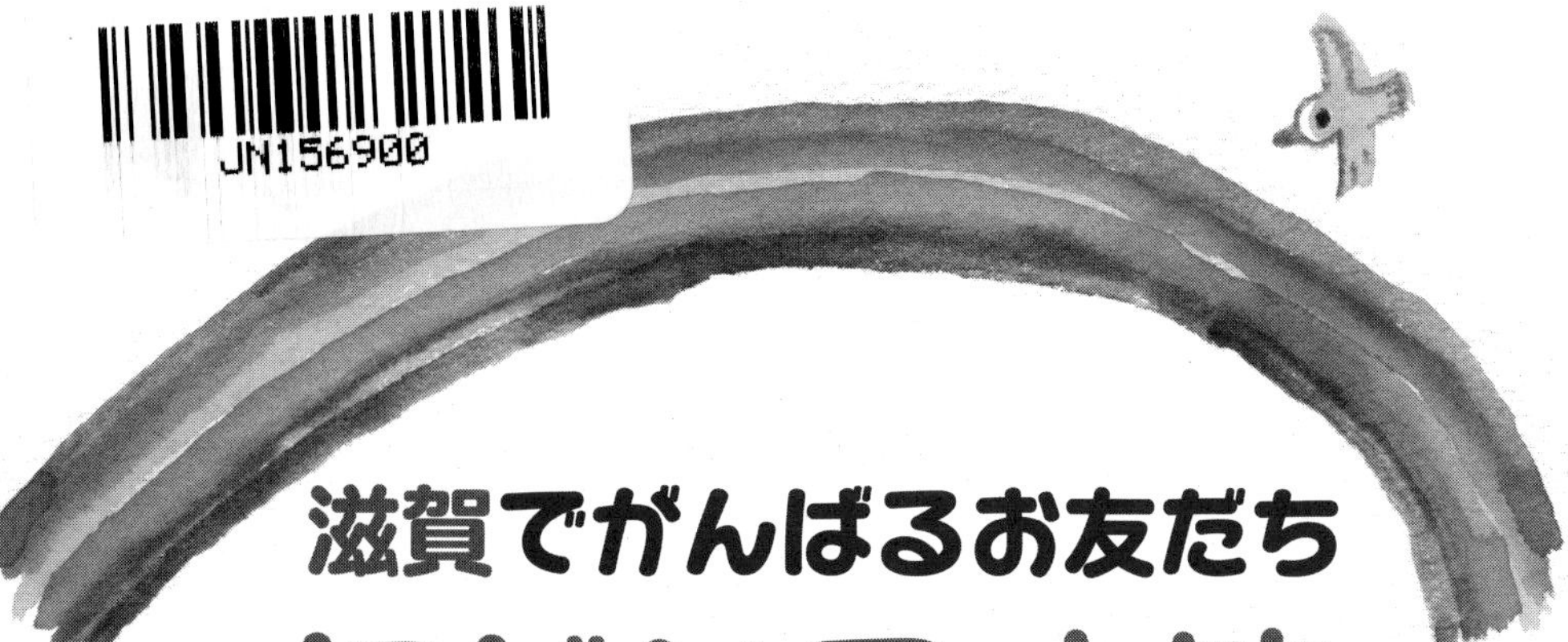

滋賀でがんばるお友だち
にじいろ宝箱

滋賀県児童図書研究会 編

この本を読むみなさんへ

近江の人はようはたらくことでゆうめいなんやで。

けどな、むかーしむかしはちごたんや。みんななまけてばかりおったんや。

それを見て神様がひどうおこらはって　大きな足でどーんとふみつぶさはったんや。

その足あとがびわ湖になったんやと……。

そんなことがあってから、近江の人々は心をいれかえ、ようはたらくようになったんやそうな。


みなさんは、こんな民話を知っていますか。

足の形に似たびわ湖のまわりで、いろんな人が生きています。

いろんな子どもが、力いっぱい生活しています。

いろんなことに取り組んでいます。


笑っている子がいます。

泣いている子がいます。

おこっている子がいます。

うつむいてくちびるをかんでいる子がいます。
よろこんでジャンプしている子がいます。
考えている子がいます。
ため息をついている子がいます。
がっかりしている子がいます。
ドキドキしている子がいます。
ワクワクしている子がいます。
つかれている子がいます。

みんなみんな宝です。
かけがえのない暮らしこそ、きらきら光る宝物です。
どんなときでも、生きているってすてきです。

にじいろの宝箱から、どんな宝物が出てくるでしょう。
こんどは、あなたの話を、聞かせてくださいね。
楽しみにしています。

滋賀県児童図書研究会会長　今関信子

もくじ

表紙絵　市居みか

たらんぼ　タラッタ　オペレッタ

岸《きし》栄吾《えいご》

「うわあ！　ろうかもかべも、木でできてるんや！」

ぼくは小学四年生のたけし。ここは信楽町《しがらきちょう》の多羅尾《たらお》小学校だ。ろうかの窓《まど》の外には木が青々としげっている。

今日は九月一日、初めての登校だ。ここには全校で六人の児童《じどう》しかいない。前の学校とはおおちがいだ。友だちはできるかなあ。

全校生徒が待つ教室に、担任《たんにん》の中西先生と入った。みんなと目が合った。あ、お腹がいたい！　実は、きんちょうするとトイレに行きたくなるんだ。しまった、トイレの場所、聞くのをわすれてた！　どうしよう？

「田村たけしです。よろしくお願いします」

みんながはくしゅしてくれてた。よかったあ。

席につくと、つくえに本があった。『台本　注文の多い料理店』。何これ？

となりの席には、ぼくと同い年ぐらいの男の子がいた。目が合うと、にこっと笑ってくれた。仲良くなれるといいなあ。

中西先生が話し始めた。

「これから全校でそうごう学習をする『たらんぼ』の時間です。今年は、『注文の多い料理店』のオペレッタに取り組みます。つくえにその台本がありますね。これから、キャストの発表があります」

たらんぼ？　オペレッタ？　何やろう？

中西先生によると、たらんぼはタラノキの芽のこと、オペレッタは歌やおどりがあるげきのこと、らしい。台本には、役をえんじるキャストが言うセリフが書いてあった。ということは、ぼくもぶたいに上がるんやろうか？

キャストはゆうなが発表した。六年生のゆうなとみなとは猟師《りょうし》、四年生のりょうたは山ねこ親分、三年生のいぶきとまなは子分ねこ、一年生のしんごは猟犬《りょうけん》、そしてぼくは、子分ねこのリーダーだ。となりの男の子はりょうたといった。同じ学年だ。

ゆうなが続けた。

「これから毎日、練習しましょう!」

「はい!」

せすじがぴくっと動いた。だって、みんなの大きな声がぴったりそろったんだ。何でこんなに一生けんめいなんやろ?


その日の帰り道。ぼくはりょうたとくぬぎ林を歩いていた。

「たけし、ここの小学校は人数が少なくて、びっくりやろ?」

「うん。前は四年生だけで百四十人いたし」

「ひゃくよんじゅうにん!」

りょうたの目が真ん丸になった。

「あのさあ、りょうたはオペレッタがいやじゃないの?」

「いやじゃないよ。だって、三十年前からこの学校ではしてるし、やって当たり前や」

「うへー、さんじゅうねんも!」

今度は、ぼくの目が真ん丸や。

「何人ぐらい見に来んの?」

「去年は体育館と町のホールと、水口の小学校でやって、千人ぐらいや」

「せ、せんにん！　そんなの、ぼく、ムリ！」

「何だよ、弱気やな。でも、心配はいらへん。まほうのじゅもんがあるんや」

「まほう？　そや、うちでテレビゲームせえへん？　まほうでてきをやっつけ……」

「そんなん、いやや。早く帰って、練習や。じゃあな」

そう言うと、りょうたはランドセルをカタカタならして走っていった。


九月十四日。今日は、初めて全校生徒が教室で台本を読み合う日だ。ぼくはこの台本で『注文の多い料理店』の話を知った。夕ご飯を食べにお店に来た猟師が、ぎゃくに店長の山ねこ親分に食べられそうになるとはね。

ぼくがセリフを言う番になった。場面は、食べられそうになった猟師を助けようと、お店に猟犬が入ってきたところだ。

「それ、子分ども、猟犬だ。にげろ」

あれれ？　またお腹が変だ。声に力が入らん！

「やり直し！　お腹から声を出して！」

さけんだのは、ゆうなだった。こわい顔をしてこっちを見ている。ゆうなとにらみあいだ。そこへ、中西先生がわって入ってきた。

「たけし君はこれからどんどんできるようになるの。みんなで助けてね」

九月二十九日。今日は、初めて体育館のぶたいで練習する日だ。ぼくは、木やお店の大道具がならんだぶたいを見上げた。ここに立つんかあ。

練習は、子分ねこが猟犬に追いかけられて、ぶたいを走り回る、という場面になった。ぼくは走り始めてすぐ、木の大道具がじゃまで足を止めた。すると、ぶたいの下から、

「たけし、止まるな！　走れ！」

と、声がした。ゆうなだった。えらそうに命令して！

もう一度走りだしたが、今度はお店のいすにぶつかりそうになった。

「もっといきおいよく走れ！　やる気あんの?!」

またゆうなだ。ちくしょう！

足を大きくふみ出した。あっ、何かをふんづけた。小道具のてっぽうだ！

「うあ〜っ！」

つるん、とすべってドテッ！　ひざがイタタッ！　もういやや！

「たけし！　こっちや！　こっちを走れ！」

ゆうながぶたいにとび上がって、別の所を走りだした。

「たけし、こっちこっち！」

と、りょうた、いぶき、まな、しんごも、ゆうなの後ろを走りだした。

「たけし、走るぞ！」

と、ぶたいの下にいたみなとと中西先生も上がってきた。

ぼくは急いで立って、その輪の中にとびこんだ。みんながぼくをおうえんしてくれるんや。いたいなんて言ってられん！　とにかく、走るんや！


給食の時間。全校生徒がランチルームで食事をする時間だ。テーブルに着くと、となりにゆうなが来た。何を言われるかな。

「さっきはごめんね。きつく言っちゃって。オペレッタの時はつい、熱くなるの」

「え？　い、いえ、だいじょうぶです」

せんぱいが先にあやまるなんて、初めてや。

「わたしね、アメリカでミュージカルのキャストになるのがゆめなの。しゅうがく旅行で劇団四季《げきだんしき》の『オペラ座《ざ》の怪人《かいじん》』を見た時はかんげきしたわ。しかもここの卒業生が出ていたのよ！」

うわあ、せすじがゾクゾクしてきた。劇団四季って、たしか京都にげきじょうがあるよな。このオペレッタが、劇団四季につながっている！

「ぼく、がんばります！」

りょうたと目が合った。りょうたがにっこりしてうなずいた。


放課後。ぼくはりょうたと教室で台本を読み合っていた。

「りょうた、ぶたいでお腹がいたくならへん？」

「ああ、前はなってた」

台本を見ていたりょうたが顔を上げた。

「実はおれ、一、二年生の時はオペレッタがいややってん。でも、今はちがうんや。見た人に喜んでもらうのがうれしいんや。みんなで助け合うのが楽しいんや。でもな、これは発表会をやってみんとわからんわ」

「やってみんと、かあ。いっぱい人が見にくるやろ？　失敗したらどうしよう」

りょうたの目がかがやいた。

「たけし、この小学校に代々伝わるまほうのじゅもん、知りたいか？」

「あ、それそれ、知りたかってん」

ぼくは身を乗り出した。

「いやな気分になったらな、こう唱えるんや。タラッタ、タラッタ！」

「え？　タラッタ？」

ぼくは、心の中でくり返した。

タラッタ、タラッタ。

あ、これ、いいかも！

「わかった。今度、やってみる」

りょうたがにっこりした。

「そうや、たけし。今、五年生がいいひんから、来年は一番上の学年のおれたちが主役や」

「そうか。じゃあ、ぼくが主役で、りょうたはわき役やな」

「何やって？　主役はおれに決まってるやろ！」

「ちがう、ぼくや！」

「いや、おれだってば！」

ぼくもりょうたも、大声で笑った。

十月三十一日。今日は、小学校に地元の人をまねいての発表会の日だ。

開始十分前にぶたいの横から会場をのぞいてみた。うわ、人でいっぱいや！

ついに発表会が始まった。ぼくはぶたいの横で出番を待っていた。あ、またお腹がいたくなってきた。どうしよう！

「タラッタ、やで」

りょうたが横に来てささやいた。そや、思い出した。

タラッタ、タラッタ。

お、いいぞ、いいぞ！

タラッタ、タラッタ、タラッタ！

タラッタ、タラッタ、タラッタ！

もうお腹はだいじょうぶだ！

そして、出番が来た。さあ、行くぞ！

ぼくは、スポットライトの中にとびこんだ。

「それ、子分ども、猟犬だ！　にげろ！」

ぼくの後ろに、子分ねこのいぶきとまなと、猟犬のしんごが来た。あの日、みんなでここを走ったんだ。みんながぼくをおうえんしてくれる！

すると、会場からどよめきと笑い声がわき起こった。ぼくのむねがグッと熱くなった。

そうや、これがりょうたが言った「うれしい」や！

ぶたいの横にもどると、ゆうなが初めて、ぼくににっこりしてくれた。

「たけし、バッチリ！」


発表会の最後に、みんなで会場にお礼のあいさつをした。はくしゅがわき起こった。会場をよく見ると、元気に手をたたくおじいさんやおばあさんもいた。みんな、にっこにこだ。これや、だからオペレッタをやるんや！

全てが終わって、ぶたいの横に出た。ゆうながぼくの前に立った。

「たけしも、みんなも、ようがんばったな！」

「ありがとう、みんな」

ぼくもみんなも、はくしゅした。涙でみんなの顔が見えなくなった。

「何ないてんねん！　ほら！」

と、りょうたが手を上げた。

「うん！」

ぼくはりょうたとハイタッチした。会場とぶたいの横の鳴りやまないはくしゅに、いつまでも包まれていた。

みんなで賤ケ岳《しずがたけ》に登ったよ

阿部幸美《あべゆきみ》

「一番乗りだぜ！」

すすむ君が、得意《とくい》げに言いました。

ここは、びわ湖と余呉湖《よごこ》が見渡《みわた》せる四百二十一メートルの山、賤ケ岳《しずがたけ》です。低い山のように見えて、おとなが登っても一時間くらいはかかります。

今日は、幼稚園《ようちえん》の年中組さんの遠足です。大きなリュックを背《せ》おったおとなの人たちに会いました。

「こんにちは！　がんばって登ろうね」

「うん、ぼくら、忍者《にんじゃ》の修行《しゅぎょう》しているから、がんばれるよ」

すすむ君が、じまんして、忍者ベルトを見せました。

「忍者？」

おじさんが、たずねると、みんなは口々《くちぐち》に答えます。

「うん、山には、忍者が住んでいるんやで！　ぼくら、今日は忍者になってるんやで」

みんなにとって、忍者はあこがれでした。手紙を書いて、返事も、もらいました。

忍者の修行というのは、山に住む忍者のように強い身体《からだ》になるために、がんばることでした。風の術《じゅつ》、石の術などがあり、坂道を走ったり、飛《と》んだりくぐったりするのです。

山の道は、ひざが、がくがくして力が入らなくなったりします。歩き始めから急な坂道で、足がすくんだり、立ち止まったりして思うように進めませんでした。

「忍法《にんぽう》、風の術！」

すすむ君は、人さし指を胸《むね》のところで立てて、ポーズをとり、髪《かみ》をなびかせてかけだしました。みんなも続きます。

「やっほー」

すすむ君は、うれしくてたまりません。先頭のグループでした。みんなの方をふり返って、手を振《ふ》りました。真《ま》ん中《なか》のグループの友だちが見えたのです。

「見て見て」

「おーいこっちだよ、みきちゃん」

「やっほー」

友だちの姿《すがた》が見えて、みんなで声をかけ合いました。そこはきつい上り坂だけど、ジグザグの坂道になっていて、一列に並《なら》んで行くみんなが、見渡《みわた》せる道なのでした。

曲がり角のヘアピンカーブが、たいへんでした。でも、ジグザグになった曲がり角をこえると、すずしい風がふいて、気もちがいいのです。今度は後ろのグループの友だちも見えて、長ーい列になったみんなの顔が見えました。歌声も聞こえてきました。

「あと少しがんばると、頂上《ちょうじょう》やで」

先生が言うけれど、みんなは、もう足がふらふらでした。地面が、じゅくじゅくになっているところにさしかかって、すべってしまうのです。木《こ》の葉《は》や、枝《えだ》で空がおおわれて、あたりが暗くなって、みんなの足どりも、ゆっくりになってきました。

「こわ〜い」

みきちゃんは、せまくて、ひとりしか通れない道で、泣きだしそうになりました。

ここは、昔「賤ケ岳合戦《がっせん》」という、いくさがあって、たくさんの人が亡《な》くなったそうです。おじいちゃんが、そんな話をしていたのを、みきちゃんは思い出したのです。

「あと少しだけだから、がんばろうね！」

先生は、手をさしだして、ふんばるポーズをしました。

「みんな！　上の方に向かって、やっほーって言おうか！」

みきちゃんの手をぎゅっとにぎりながら、大きな声で言いました。

「やっほー！」「やっほー！」

何度も、みんなで言いました。

「あれっ」

先頭グループのすすむ君の前に、水たまりがありました。そこで、

「行くで！　カンガルーの術！」

両足をそろえて、水たまりを、ぴょーんといきおいよく跳《と》びました。みんなも元気になって、カンガルーの術で、進むことができました。


「見て、見て！　鳥さんのおうちやで」

みきちゃんが、指さす方をみんなで見あげると、木の上に鳥の巣箱《すばこ》があったのです。

「うわあー、鳥は、どこかな？」「中で寝《ね》てるんかな？」

みんなは、わくわくしてきました。

「鳥さんは高いとこが好きだし、羽根があるね。みんなも鳥さんになろう」

「忍法、鳥の術！」

先生のひとことで、また、みんなが元気に登り始めると、急に光がさしこんできました
「うわぁー青空だぁ」

「小鳥さんも、飛んでる」

みんなで頂上を目ざして、どんどん登っていきます。


「忍者第一号、頂上に、とうちゃーく！」

すすむ君が一番に大きな声で言いました。

「第二号、やったぜ！」「第三号、やっほー！」

頂上は元気な子どもたちの声で、にぎやかになりました。

「やっと登ってこれた、うれしい！」

みきちゃんは、足もとに、鳥の形をした石を見つけました。

「これ、ママにあげる」

「いいね。さっきの鳥さんみたいやね」

先生も、いっしょに喜《よろこ》んでくれました。

「うわー電車が見えるで！」

すすむ君が大きな声で言うと、みんなが集まってきて、電車に手をふりました。電車が小さく、小さく見えました。ここからはびわ湖も余呉湖も、遠くには伊吹山《いぶきやま》も見えました。

「たっかいなぁー、ぼくら」

「ほんまや、ぼくら、すっごいなぁ！　見て、びわ湖やで！」

ちびっこ忍者たちは、勢《せい》ぞろいでびわ湖を見ました。びわ湖は、きらきら光っています。

「やっほー！　忍者さん聞いてくれてるかな？　先生、望遠鏡《ぼうえんきょう》見ていい？」

「いいよ。みんなの家《うち》も見えるかな？」

一列にならんで、みんなで見ました。

「ぼくの家が見えた！」「わたしの家も見えるかな？　かわって」


頂上で、みんなでおにぎりを食べました。

しばらく休んで、山を下ります。大きな青いリュックを持つ人より、先に下りました。

「がんばってね」

おじさんたちは、おうえんしてくれました。

「ばいばーい」

いきなり急な下《くだ》り坂になりました。

「うえーん、うえーん」

すすむ君が、座《すわ》りこんでしまいました。

「すすむ君、忍者さんは、ほんなことで泣かんで。がんばって！」

みきちゃんは、先に下りていきましたが、先生がかけよって、

「どうしたん？」と、聞くとすすむ君はいいました。

「だってー足痛《いた》いよぉ、歩けないよー」

「どれどれ、見せて」

靴《くつ》の中を見ると、とがった石ころが入っていました。

「この石で痛かったんやね。たくさん歩いてがんばったね。ほら、とれた。もうだいじょうぶ、歩ける？」

すすむ君は、「うん、がんばる」と言って、少しずつ足を前へ前へ進めていきました。

やっと、みんなのところに追《お》いつきました。

「来たね！　すすむ君がんばろう」

みきちゃんもニッコリ笑ってむかえてくれました。

みんなが、ジグザグになった坂道を下りてくると、

「あーっ！　おじさん、リフトに乗ってる」

すすむ君が、大声で叫《さけ》び、指をさしました。見ると、頂上で会った、青いリュックのおとなの人でした。みんなに見られて、肩《かた》をすぼめてはずかしそうでした。

「おじさーん、ぼくたちがんばったよ！」

みんなで、手をふりました。

「やっほーー！　ぼくたちすごいやろ！　ぼくたち、全部歩いてきたんやで！」

「忍法、風の術！」

すすむ君が、とつぜん走りだしました。

「あぶない、ゆっくり！」先生が叫んだ時、
すすむ君は、すって～んと、ころんでしまいました。

「あいたたぁー」

「そこは、風ではなく、石のように、かたまって止まるのよ。下りる時は、ブレーキをかけるのが大事なの」

「忍法、石の術！」

先生の声で、みんなが止まりました。また急な坂道です。

「次は、ゆっくり、ゆっくり、そうそう、気をつけて……」

ところが、すすむ君は、すぐ走りだします。

「それゆけ、風の術！」

だだだーっ、どどどーっ、スピードが出て、冷たい風がほおにあたるのが、嬉《うれ》しくてたまりません。みんなも走りだします。

「あぶない！」

先生の大きな声が、山の中にひびきます。

「おっとっとー、忍法、石の術！」

すすむ君は、急にピタリと立ち止まり、みごとにポーズを決めました。さっきまでは、下《くだ》り坂を、どどっ、どーっと下《お》りては、みんなから「ストップ」「ちょっと待って」と、声をかけられていました。けれども、先生が教えてくれた忍法のおかげで、声をかけあって、元気に下りてくることができたのです。

すすむ君もみきちゃんも、うれしくてガッツポーズ。

「楽しかったね。すすむ君、やったね」

「うん、ぼく、忍法つかって、がんばったで」

先生も、にっこりして言いました。

「忍者ベルトのおかげやね。さっすが！　みんな、ちびっこ忍者やね」

古代ゾウ見つけるゾウ

一円《いちえん》重紀《しげき》

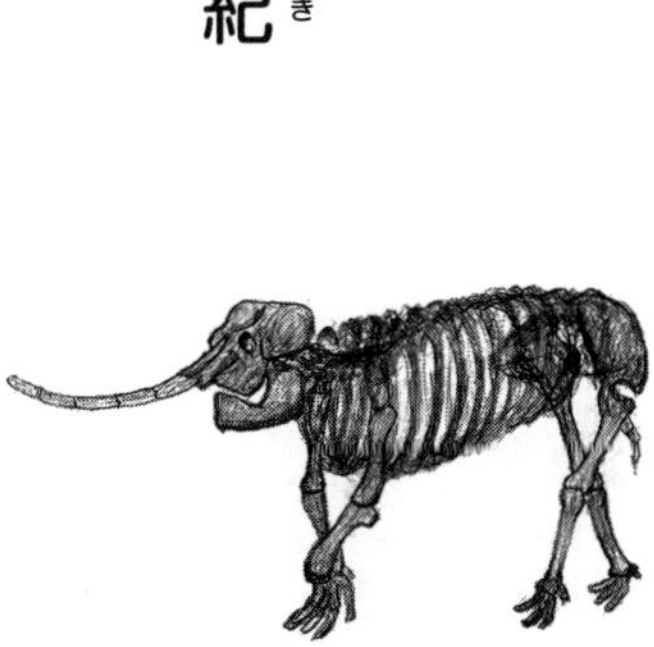

「おはよう、やっと今日になったなあ」

「大ちゃんおはよう、長いこと待ったなあ」

大紀《だいき》と宏一《こういち》は小学校四年生の親友です。今日は、多賀町立《たがちょうりつ》博物館の『古代ゾウ見つけるゾウ』という催《もよお》しに参加します。

今から二十年前、工業団地造成工事中、およそ百八十万年前の、古琵琶湖跡《こびわこあと》とされる地層《ちそう》から、古代ゾウの骨格《こっかく》化石が発見されたのです。今回、博物館が、未調査の区域《くいき》を、一般《いっぱん》町民も参加して発掘《はっくつ》する催しに、興味を持った二人が参加することになったのです。

化石発掘の現場に二人が着くと、すでに博物館の人の他に、おとなの人が三人いました。

そこは、テニスコートの倍くらいの広さで、四角に掘《ほ》られていて、奥《おく》の方が高く、こちらの方が低くなって、端《はし》の方には水が溜《た》まっています。ポンプが二台、大きなエンジン音をあげて水を横の排水溝《はいすいこう》へ吐《は》き出しています。

「工事現場みたいやなあ」

二人は、立ち止まって見渡《わた》しています。

かんたんな朝のあいさつの後、博物館の田沢《たざわ》さんについていきました。いよいよ、発掘の仕方を聞き、道具を受け取り、生まれて初めての化石発掘に取りかかります。

「何がでてくるのやろ？　なんや、わくわくするなあ」

宏一が、わくわくしている様子を身ぶりでしながら言いました。

「さっき、田沢さんが言うたはったやろ、出てくるのは、ヒシの実の化石が一番多いて。それから、貝やら昆虫《こんちゅう》の化石やて。ちっちゃいもんや花粉なんかはわからんやろけど、貝の化石みつけたいなあ」

「大ちゃん、こんなとこにアケボノゾウの化石があるのやろか？」

「博物館にある、アケボノゾウの化石は、この近くで出てきた言うてはったなあ、まだあると思うで」

二人が、かがみこんで、始めようとした時、

「みんなが掘りやすいように少し掘りますから、下がってください」

田沢さんが、ツルハシで、横一線に軽く掘ってくれました。

「土の固まりを、優《やさ》しく砕《くだ》いてください。何かが出てきたら、言ってくださいね。何が出てくるか楽しみやね。また来ます、楽しんでね」

ツルハシで掘られた土は、しっとりとした、細かい土ばかりです。

「なんや、ようかんみたいな土やな。こんなの初めて見たな」

「ほんまや、こんなの初めてや」

二人は渡《わた》された道具で、土を少しずつ砕いていきます。

ようかんを割《わ》ったような土の断面から、突《つ》き出ていたり、角張っていたり、円形になっていたり、少しでも変わっていると、よく観察しますが、たいがいは木の皮やヒシの実のかけらです。

「アッ、何かでてきたで！」

突然《とつぜん》大紀が言いました。宏一も大紀の手元を見ます。

「なんや変な形してるな。とがってるで」

「これがヒシの実とちがうか。忍者《にんじゃ》がまくヒシの実もこんな形やで」

宏一が言うと、大紀もうなずいています。

「田沢さんに見てもらお。田沢さあん！」

田沢さんは、すぐに来てくれました。

「出ましたか第一号が。ああこれはヒシの実ですね。これは比較的《ひかくてき》たくさん出てきますが美しいヒシの実の化石ですね」

千枚通《せんまいどお》しでていねいに周りの土を取り、化石だけを取り出して、大紀の手の平の上にのせてくれました。

二人は、少しの間、大紀の手の平にのっているヒシの実に見とれました。

「これ、百八十万年前から土に埋《う》まってたんやな」

「百八十年でも長いのに、それの一万倍や、すごいなあ」

大紀は、手の平の小さな固まりから、支えきれないような重みを感じていました。

「よし！　今度はぼくがもっとすごいもの見つけるで！」

宏一が張り切ります。

しばらくは、黙々《もくもく》と作業に集中していた二人でしたが、

「宏ちゃんの前の土の固まり下が丸くなってて、なんや変やでえ」

大紀が指をさして言いました。

「これか？」

宏一が、道具の先で、ちょっと叩《たた》いただけで、その固まりはきれいに二つに割れ、中から細長い形をしたものが、突《つ》き出ているのが見えました。

「アボカド割った時みたいや！」

と大紀が大きな声で言うと、

「貝の第一号や！　大ちゃんが見つけてくれた」

宏一は興奮《こうふん》気味です。

二人が騒《さわ》いでいるので、田沢さんがニコニコしながらやって来ました。

「大きな貝の化石ですね。すごいよ。美しく残ってるね。ちょっとこのままにしておいてね。撮影《さつえい》して記録しますから」

カメラを持った館長さんが来ました。

「すごいの見つけたんだって。ほお、これは美しい。君たちやったね」

館長さんは、あちこちから写真に撮《と》りました。田沢さんが、化石が出てきた地点を、メジャーで計って記録しています。そして、千枚通しで周囲の余分の土を落とし、土ごとプラスチックの箱に入れました。

「これは、博物館で、クリーニングしてきれいにしてから展示《てんじ》します。見付けた人の名前

は、大紀君、宏一君にします」

二人は、ハイタッチで、「やったー」と、大喜びです。

お昼の時間になって、終了《しゅうりょう》を告げに来た田沢さんに、

「もう終わりですか、これからやのに」

宏一が思わず言いました。

「次の調査は、十月です。そのときは連絡《れんらく》します」

こうして化石発掘の初日は、二人に期待を持たせて終わりました。


十月のある日曜日、二人には、二回目の発掘です。

爽快《そうかい》な初秋です。近くの山では、もう葉っぱが色づき始めています。

今日は、おとなの人が前よりたくさん来ています。二人は準備をして、前に掘っていた場所へ下りました。お天気続きで土は少し乾燥《かんそう》しているようです。

田沢さんが下りてきました。

「みんなおはよう。今日はね、足跡《あしあと》化石の岡本《おかもと》先生が見えています。後で、君たちに古代ゾウの足跡化石の説明をしてくれますので来てくださいね」

「やったー」

宏一が言いました。大紀も立ち上がってにっこりしています。

しばらくは黙々と作業を続けました。が、今日は何も発見できません。

田沢さんに、ツルハシで掘ってもらいましたが、もう一時間以上やっているのに、これと言ったものは何も出てきません。

「あかんなあー今日は。ヒシの実もないなあ」

宏一は少し疲《つか》れてきたようです。

「おーい、みんなこちらへ来てください」

「足跡化石の説明や。行こう」

大紀が立ち上がり、田沢さんに手を振《ふ》って分かった合図をします。

そこは、水平に削《けず》られたきれいな地面ですが、二人には、ゾウの足跡などどこにも見えません。

「みなさんごくろうさんです。今日はきれいに見えますよ、こちらへどうぞ。

ここが、ゾウの足の前の方です。指の跡がここ、後ろがここですから三十センチぐらいの大きさですね」

竹の棒《ぼう》で指されたところをよく見ると、ようやくそれと思われる、大きな模様《もよう》のようなものが見えます。

「足跡のくぼみが乾《かわ》いて堅《かた》くなった後に、他の土が流れ込《こ》んで、そのあとで土に埋まって化石になった。このようなものがたくさん見つかっています。大昔に、ここらあたりを、古代ゾウが歩き回っていたのですね。想像するとすごいですね」

ニコニコしながら先生は言いました。が、二人は真剣《しんけん》な顔で聞いています。

「掘っていたら、いつかは古代ゾウの化石も出てくるのですね」

真面目な顔で大紀が聞きました。

「可能性は大いにありです。最近新たに古代ワニの足跡も見つかっています。希望を持って頑張《がんば》ろうね」

宏一は両手で三十センチぐらいの大きさの輪を作りました。

「大ちゃん、足はこのぐらいやな」

「そやな、このぐらいでのっしのっし」

大紀はそれをグ、グッと広げ、水平にのばしました。宏一も習って広げました。古代ゾウの大きさを表現したいのです。

すると、先生も両手を広げ、囲いを作った後、あちらを向き、竹の棒《ぼう》で、頭の上からゾウの鼻をまねしました。

「うわあ、でっけー古代ゾウや！」

宏一が喜びの声を上げると、

「よっしゃー、がんばるデー。古代ゾウ見つけるゾウ！」

大紀は、ゾウの雄《お》たけびをまねします。

今日は大した収穫《しゅうかく》はなかったのですが、次への期待が、二人の目の輝《かがや》きにあらわれていました。

長浜曳山《ながはまひきやま》まつり「シャギリ」

西堀《にしぼり》たみ子《こ》

「こんばんは、さぶいなぁ」

「ほんまにさぶいわ」

「ほら、息がまっ白や。はぁはぁ」

十一月の終わり、日は早く暮《く》れ、あたりはうす暗く、今にも雪がふり出しそうです。

毎週土曜日の午後七時ごろになると、地域《ちいき》の子どもたちが会館に集まってきます。

長浜曳山《ながはまひきやま》まつりの「シャギリ」の練習をするのです。


長浜曳山まつりは、その昔、豊臣秀吉《とよとみひでよし》が長浜城の城主《じょうしゅ》になった時代から四百年も続いています。

長浜八幡宮《はちまんぐう》に太刀渡《たちわた》りを行ったのが始まりです。

ぜん君たちのやまは常磐山《ときわざん》、今年のメンバーは、中学生三人、小学生八人、そして幼稚園《ようちえん》年長一人、全部で十二人です。その中でぜん君は一番年少で、初めてお兄ちゃんたちとシャギリに挑戦《ちょうせん》します。シャギリは子ども歌舞伎《かぶき》を盛《も》り上げるのに最も大事な役割《やくわり》のおはやしです。楽器は笛、大太鼓《おおだいこ》、締め太鼓《しめだいこ》、すり鉦《がね》で、人数は五人から二十人で演奏《えんそう》します。


世話係の好平《こうへい》さんが練習開始のよびかけをしました。

「さぁーそろそろ練習始めようか」

「よろしくおねがいしまーす」

みんな行儀《ぎょうぎ》よくおじぎをします。

「まずは御遣《おんや》りから練習しまーす」

御遣りというのはまつりの中で最もよく吹《ふ》かれる曲です。

「テンテンツクツク」大太鼓の和音《やまと》君が最初にたたきます。

「ピィピィヒャラ〜」「ピィ〜ヒャラ〜」

何人かが笛の音で追います。毎年まつりに出ている子はじょうずに吹きます。

「ミミ〜ソソ」「ミソソ〜」と音階で歌っている子もいるほどです。

初めて参加したぜん君は、じぃっとまわりを見わたしています。その顔つきは真剣《しんけん》そのものです。

「ぜん君も笛を吹いてみぃ」

好平さんがやさしくいいます。ぜん君は、やっと笛を持ち吹き始めました。でも「ス〜」と息の音が出るばかり、おまけに手を動かすたびに、笛が落ちてしまうのです。

「笛をしっかり持ってなあかんやろ」

「手であなをしっかりおさえてなぁ」

「先に手だけ練習しぃなぁ」

まわりのお兄ちゃんたちが、わいわいアドバイスをします。ぜん君はお兄ちゃんを見ながらがんばって吹きました。やっぱり「フェ……」の音がでなくて、小さい手だけがよく動いています。何回しても消えそうな音しか出ません。そのうちに、疲《つか》れて、手で目をこすり出しました。

「ねむったらあかんで」

お兄ちゃんが肩《かた》をたたいたのでびっくりして座り直しました。

「まつりまであと六ヶ月あるからがんばろうなぁ」

お兄ちゃんは、ぜん君を励《はげ》ましました。

「シャギリがなければ曳山は動かない、シャギリは曳山の声、子ども歌舞伎にはシャギリは大事な役目を持っているんだよ」

　好平さんがみんなに言いました。

「ぼくのおじいちゃんもお父さんも、歌舞伎とシャギリがんばったんやて」

「そうやさかいに、昔からずーっと曳山まつりが続いてきたわけなんや」

　みんな口々に言いました。

　これを聞いていたぜん君はがんばろうと思い、気を引き締《し》めて笛をにぎり直しました。そしてお兄ちゃんを見ながら吹き始めました。口をとがらせたり、すぼめたりして、くりかえし、くりかえし笛を吹きます。お兄ちゃんも、ぜん君をちらちらっと見ながら、一生けんめいに吹いています。その日の練習は、それで終わりました。

「ぜん、家でも練習しようなぁ」

　お兄ちゃんが言いました。


　一週間がたち、今日は雨ふり。おまけに寒い日です。ぜん君はやっとピィーと音が出るようになったのです。毎日毎日、家ではお兄ちゃんといっしょに練習の日々でした。ぜん君はわくわくして会館に着きました。早く笛を吹きたくてたまりません。全員そろうまでそわそわしながら、正座《せいざ》して待っていました。

「よろしくおねがいしまーす」

元気いっぱいに言いました。

「フェフェ～ピィピィ～」

「でたーでたーほらでたやろー」

ぜん君はあまりのうれしさで、すわったまま体をはずませています。

「できたんやん」「すごーいやん」

みんなも思わず手をたたきました。

「ちょっと角度をかえて、息を強く吹きつけるように吹いてみ」

好平さんのきびしい言葉がかえってきました。好平さんも一生けんめいなのです。ぜん君は口元を右左に動かし神妙《しんみょう》な顔つきでさぐっている様子です。

そのとき「フェ～ピィヒャラ～」と笛の音色がしました。ぜん君が笛を吹くコツをつかんだようです。

「笛の音が続けて出るようになったやん」

「ほんまや、もうすこしや」

「もう一回、吹いてみぃ」

「もうちょっとで、続けて音が出るようになるよ、がんばりー」

みんなも力を入れて応援《おうえん》します。何回も何回もいっしょになって吹いてくれます。

「もうそろそろ八時半、練習おわりでーす。いつの間にか時間が早くたってしまったなぁ。みんなはよく吹けるようになってきたね」

ぜん君は、好平さんにほめられて、ますますやる気が出てきました。終わりかけた時、急に好平さんが大きな声をはりあげました。

「みんな聞いてくださーい、だいじなニュースがありまーす。曳山まつりが、この秋に、ユネスコ無形文化遺産《むけいぶんかいさん》に登録《とうろく》されることになりました」

「すごーい」

「みんなのおじいさんやお父さん、地域の人たちが力を合わせて守り続けてきたおかげなんですよ」

「これからはみんなのような、若者たちががんばらなあかんのや」

「そうなんだぁ、がんばらなくっちゃね」

みんなは、顔をまっかにしてはりきっています。

（なんかすごいことになってきたみたい）ぜん君もますますファイトが出てきました。

冬休みに入り、毎日のように雪がちらついています。長浜曳山まつりまであと三ヶ月になりました。会館にやって来たみんなは、かじかんだ手をこすり合わせて一生けんめいに温めています。どの顔も「よし、やるぞ」と意欲満々《いよくまんまん》です。

「ぼく、ちゃんと吹けるようになったよ」

とぜん君は誇《ほこ》らしく胸《むね》をはってみんなに言いました。

「練習の成果が出てきたんやね。なんでもやればできるんだ」

好平さんが頭をなでてくれました。

「よろしくおねがいしまーす」

みんな一段《いちだん》と声が大きくなり、はりきっています。

「ヨ〜イ」と太鼓の和音君が合図をしました。

太鼓のばちが、軽やかに動きます。その後から、笛の音色があとを追いかけます。

「ピィピィヒャラ〜ピィヒャラ〜」

「チンチンチャンチャン」

合間にすり鉦がひびきます。

全部の楽器の音が「ぴたっ」と合うようになってきました。とってもリズミカルで心地よく感じてまるで本番のようです。

三月になって、吹く風も少し暖《あたた》かくなり、もう春がそこに来ています。今日は本番に向けてだれかが一人で出笛の練習をする日です。出笛は子ども歌舞伎が「はじまります」の合図の曲です。今では、どの子も笛を吹けるようになり自信に満ちあふれています。けれども、やっぱりみんなはどきどきします。

「よろしくおねがいしまーす」

いつものように挨拶《あいさつ》をします。

「だれにしょうかなぁ」

ゆっくり好平さんは子どもたちを見わたしていきます。

（あたったらどうしょう）

みんなどきどきです。ぜん君は好平さんと目が合ってしまいました。

「ぜん君、吹いてください」

好平さんがはっきりと言いました。ぜん君は一しゅん、どきん、としました。

（ぼく、吹けんかも……）

急に静かになりみんなはぜん君に集中します。ぜん君は、よしっと心をきめて思い切り息をすいこんで吹き始めました。

「ピィピィヒャラピィヒャララ」

いい音色です。ときどきまちがえたりしますが、あきらめずに続けて吹きます。独奏《どくそう》が終わるやいなや、みんなの拍手《はくしゅ》がかえってきました。お兄ちゃんは、一段《いちだん》と力強く手をたたいていました。ぜん君は息を思い切りはいて、やったぁーと思いました。

「ちゃんと吹けたぞ」

好平さんもとってもうれしそうです。

「きみたちはたった週一回の練習でこんなにまで上達したんだーすごいね」

好平さんは一人ひとりの顔を見て言いました。いよいよあと一ヶ月で曳山まつりです。ぜん君はその日が待ちどおしくなってきました。

四月十五日長浜曳山まつり、いよいよ本番です。

「ヨイサ～ヨイサ～」

「ヨイサ～ヨイサ～」

朝早くからはかま姿《すがた》で正装《せいそう》した若衆《わかしゅう》たちが元気なかけ声をかけながら練り歩いています。合間に「シャギリ」の音が町全体にひびき、曳山まつりのふん囲気が、より一層《いっそう》盛《も》り上がっています。ぜん君は初めて曳山の一番上の亭《ちん》に上がりました。

「わぁーすごいーキンピカやぁ。この上で演奏するんやぁ」

少し緊張《きんちょう》しています。道いっぱいの人、人、たくさんの観光客でにぎわっています。

曳山はぜん君たちを乗せて、右に揺《ゆ》れたり、左に揺れたりしてゆっくりゆっくりと進んでいきます。

「ピィピィヒャララピィヒャララ～」

「テンテンツクツンテンツクツン」

「チンチンチャンチンチャンチャン」

軽やかな笛の音が、春の町に、いつまでも、いつまでも流れていきます。

ぼくが学校にいけなかった時のこと

田《た》中《なか》純《じゅん》子《こ》

新しい学年がスタートしてもうすぐ二ヶ月。ぼくは三年生になった。担任《たんにん》の先生は初めての男の先生で山田先生。声がでかい。

六月、むし暑い日が何日か続いた。

「明日からプールがはじまります！」

帰りの会に先生が言った。なんだかさえない気分だ。ぼくは泳げないからプールに入るのはきらい。なんとなく学校に行きたくないな……。

そして、今年初めてのプールの授業。ぼくは泳げないチームだ。息つぎの練習をした。何度も鼻から水が入って苦しい。

「おい！　そこの二人！　プールの横は走るな！」

山田先生が時々大きな声でだれかを注意する。ぼくに言われてないけれど、ドキドキした。一時間が長かった。そのあとの給食も全然おいしくなかった。

初めてのプールの授業の次の日から、学校に行けなくなった。

朝になるとはきけがして、どうしても身体《からだ》が動かないんだ。来週から夏休みが始まる。どうしよう、もうどうでもいいか。

「トモキ……明日は一学期の終業式や。行けそうか？」

「行けると思う。お母さん送って。むかえにもお母さん来て」

その時には本当に行けると思ったんだ。最後の一日だと思ったし、お母さんが来てくれるならって、そう言ったけれど、やっぱり学校には行けなかった。

その日の夜のこと、となりの部屋で、話声が聞こえてきた。ミサ姉ちゃんとお兄ちゃんが話している。

「お兄ちゃん、トモキが学校行っていないこと、どう思う？」

「ぼくは学校好きやし、わからん」

お兄ちゃんがぼそっと言った。何かがぼくの心にささった。

「あたしは、ゆるせんな。土日はお母さんと元気にお出かけしてたやん。終業式は行くとか言ってて、うそついたし。あたしかて、休みたいで。だれかて、いろんなことあるのに。

トモキはずる休みに決まってる」

ぼくは、話のとちゅうから耳に手でせんをした。ちがうんだ。ちがうんだよ。ミサ姉ちゃん。

とうとう一学期最後の十五日間は、学校に行けないままで終わってしまった。

夏休みになって、ぼくは本当にほっとしていた。

夏休みが終わった。

始業式の朝。ぼくはもう家にいるときから、はきそうなきもちだった。それでもお母さんといっしょになんとか登校して、式には出ることができた。

始業式が終わって、教室に向かった。本当にひさしぶりだ。お母さんがいたので、なんとか入れた気がする。山田先生や、となりの席のよくしゃべるナミエちゃん、そしてクラスの全員が、笑顔でむかえてくれた。

「わ！　トモ君ひさしぶり！　ラジオ体そうも、キャンプもこなかったし、もう教室では会えんかと思ってた。もうすぐ運動会あるしがんばろうな！」

ナミエちゃんの、げんきいっぱいの声だ。「がんばろう」は、特別にぼくの心にささった。お腹のあたりがきゅっとなった。

「トモキ君は、しばらくの間、お母さんといっしょに学校に来ます。またみんなといっしょに勉強できるぞ！」

山田先生がいつもの言い方でそう言った。ひさしぶりに聞く、その声のでかさに、本当に、はきそうになって「ぐえっ」となった。

もう朝から何度目だろう。苦しい。

「お母さん、明日からほんまに学校いっしょに来るん？　仕事は？」

夕食の時に聞いてみた。お母さんが答える前にミサ姉ちゃんが、おどろいてこういった。

「え！　何？　ずるー。お母さん小学校にいっしょに行くってこと？　あたしが、いんからさびしいんか？」

「うるさい！　だまれ！」

ぼくは半分泣きそうになりながら、ミサ姉ちゃんをにらんだ。でも、当たっているのかもしれないな。去年までは六年生にミサ姉ちゃんがいた。

「お母さん、運動会が終わるまでは、学校に行ってあげようと思うんよ。毎日は無理かもしれんけど、送りとむかえは必ず行く。仕事場の人にも、言ってある」

えっ？　そんなことになっているなんて、ぼくは知らなかった。じゃあ、もう学校は休めないんだな。

「お母さん一人じめか？　なあお兄ちゃんどう思う？」

「別に……、ぼくは、どうでもいいで」

おにいちゃんの「別に」はとても小さな声だ。けれど、山田先生のでかい声とおなじくらいいりょくがあって、ぼくの心にぐさりとつきささった。

ぼくにはお父さんがいない。お兄ちゃんがお父さん代わりだ。お兄ちゃんは、何も言わないけれど、ぼくのことを心配してくれている、そしてすごくおこっている。わかるんだ。

「……」

ぼくはずっとだまっていた。ぼくにも何がどうなったのか、どうして行けないのか、わからないんだ。さぼってなんかいないし、仮病《けびょう》でもない。どうしてはきそうになるのか、わからないんだ。だれか、助けて。

ぼくは、一人で泣いた。一人っこだったらよかったのに……。

運動会は、九月十七日だった。それまでぼくは本当にがんばった。みんなとのダンスもなんとかできたし、リレーにも出た。つなひきも、がんばり切った。ぼくは運動会の後、朝にはお腹がいたくなって、ふとんから出られず、そして、一歩も家から出られなくなった。

何日もそんな日が続いた。ずっと学校には行っていない。

体育の日がすぎた。

今日はお母さんと、「山のフリースクール」というところにやってきた。

「こんにちは。わたしの名前は北川です。よくきてくれましたね」

お母さんを少し小さくしたような人が、にこにこ笑いながら、ぼくたちにあいさつをした。この人はこのスクールの先生だった。

お母さんはぼくが学校を休んでいることを、北川先生に相談するために、ぼくを連れてここに来たんだ。二人が話をしている間、ぼくは横でずっとだまっていた。

「トモキ君には長い話はたいくつかな？　しずかなところで、ゆっくりすることも大事ね。じゃあ、このスクールの好きなところを見てきていいですよ」

先生の声は小さかったけれど、すごくやさしくて、ぼくの心にひびいた。

ぼくはひとりで校舎の中を見て歩いた。マンガがいっぱいの教室があった。男の子がゆったりとそれを読んでいた。ヘッドフォンをつけてギターをひいているお兄さんもいた。いつもの学校とはちがう、ボードゲームが置いている部屋をのぞいて、ワクワクした。

だれもいない小さな運動場があった。周りには山、深呼吸《しんこきゅう》すると、空気がおいしい。

（ここへ来てよかった。ここなら来れるかも）ぼくはちょっとそう思っていた。

「また今日みたいに、お母さんと二人でのんびりと、どこかに行けるといいね」

北川先生は、そう言ってぼくたちを見送ってくれた。お母さんもこの学校と北川先生が大好きになったようだった。

夕食の時にお母さんはびっくり発言をした。

「トモキ。おとまりで旅行に行こう。お母さんと二人きりやで」

「え⁉　旅行！　なんで？」

「なんでもや。行き先はもう決めてる。神戸。おっちゃんとこに、とめてもらおうな」

お母さんと二人きりで旅行なんて初めてだ。ミサ姉ちゃんとお兄ちゃんも、ぼくたちだけの旅行をゆるしてくれた。

うれしい！

お母さんとの神戸旅行は楽しかった。おっちゃんの家は山の近くにあった。サミーっていう子犬がいた。前に、家でかっていた、ブルーっていう犬にそっくりな子犬だった。いっしょにさんぽにも行った。ぐいぐい引っぱるから、神戸の坂をぼくはいっしょに走った。

夜にすこし歩いて夜景も見に行った。

「トモキ君どうや？　神戸の夜景は日本でも有名なんやで」

すごくきれいだった。

神戸のおっちゃんもおばちゃんも、ぼくには「学校休みなん？」とか、何も聞かなかった。

「ほんまにきれいや」

ぼくの心の中の真っ暗な空に、お星さまがキラキラ光りだした。

ぼくは、お母さんと二人で旅行できて、こんなきれいな夜景も見られて、本当にうれしかったけれど、おっちゃんには、うまく言えなかった。

「お母さんに心配かけるなよ……」

おっちゃんはぼそっと言って、ぼくの頭をポンとたたいた。ぼくは夜景を見ながら、

「うん……」

と小さくこたえた。

旅行から帰ってきて、三日後、ぼくは学校の保健室に行けるようになっていた。なぜかはわからないけど。お母さんと旅行に行ったことが、ぼくの中にあるどこかのスイッチを入れてくれたのかな。

学校への行き帰りは、お母さんといっしょだ。三年のみんなは、しょっちゅう、保健室

に遊びに来てくれる。山田先生もやさしく声をかけてくれる。

「トモキ君、教室でまってるでな」

わかってる。わかってるって。でもまだ教室には入れない。

時々、ねる前に神戸旅行のことを思い出す。

「サミー」ってよぶと、しっぽをぶんぶんふって、あの子犬ほんとうにかわいかった。またあんな犬かいたいな。ぼくも三年生になっているから、いっしょに力いっぱい走れることもわかったし。

夜景を思い出しているぼく。

あのときよりも少し力強く「うん」とうなずいてから目をとじる。

オオサンショウウオが棲《す》む里で

村《むら》田《た》はるみ

六月の初め。高時《たかとき》小学校四年生の教室。

「大事な発表をします」という担任の徳山先生の声を聞き、六人の子どもたちは、何だろうと耳をすませた。

「二学期に向けて、オオサンショウウオの学習をします。調べたいことを計画たてて勉強し、それを秋にある鶏足寺《けいそくじ》の紅葉《もみじ》まつりの場で発表してもらいます」

みんなが、わーっと、ざわめいた。中でも、川の生き物にくわしい浩太《こうた》は、目をかがやかせた。

「先生、大谷川《おおたにがわ》に、みんなで行ったらいいと思います。オオサンショウウオがどんな物を食べているのか、ぼく知りたいでーす」

「水がきれいなところに棲んでいるって、お父さんが言っていたよ、わたし、おじいさんのところで見た。すっごく大きかったわ」

桃子《ももこ》の声にみんなが、「へー」と感心した。

「おっ、みんな、関心をもっているようだね。オオサンショウウオは、世界一大きい両生類で、カエルやイモリのなかまです。三千万年もの昔から姿《すがた》をかえずに生きてきたので、『生きた化石』といわれているんだ。日本の特別天然記念物になっています」

先生の説明に、そんなにすごいものが身近にいるのだ……と浩太の関心はいっそう高まった。

梅雨の晴れ間、今日は、大谷川へ生き物を調べにいく日だ。先生を先頭に、六人は長ぐつをはいて、リヤカーにアミやバケツなどを積んで、いざ出発。川の近くにきた時、『オオサンショウウオを守る会』の大下さんが待っていてくれた。

「おはよう、みんな元気やなあ、さあ、オオサンショウウオが初めて見つかったところへ案内するよ」

大下さんは、先頭に立って歩きだした。しばらく行くと、立ち止まり川を指さした。急な流れがコンクリートでせき止められているところだった。

「ほら、ここで、平成十四年の八月、初めて、村の人が見つけたんだよ、オオサンショウウオは、この堰《せき》を上がろうとしては落ち、また上がろうとしては落ち、それをくりかえしていたんだ」

話をきいて浩太は、オオサンショウウオが、堰の上流に、きっといるにちがいないと思った。大谷川の堰の上流は、すきとおったきれいな水が流れている。川幅《かわはば》は、三メートルほど、両岸からのびた木々や草で川面《かわも》は、全体にうすぐらい。ところどころ、木々のすきまからさす光で、川底の小石が光ったりしている。

「大谷川にどんな生き物がいるのか、まず、今日は生き物調査だよ」

先生は、いつもの大きな声で言った。

（うまくいくとオオサンショウウオに出会えるかもしれないぞ）

浩太は期待しながら意気込《ご》んで川に入った。思ったより、流れが早く、なかなか前に進めない。長ぐつがぬげそうになる。まわりを見ると桃子が早くも、長ぐつに水を入れ、流されないように工夫しているのが見えて笑えた。

「見つけた！」

「えっ、もういたのか？」

浩太がふりむくとあきらがサワガニをつかんでいた。

「なーんや。オオサンショウウオとちがうやん」

がっかりしてそばにいる桃子をみると、小さな魚の赤ちゃんをすくっていた。

（そんなにかんたんにいるはずないから）

浩太もとりあえず、水生昆虫《こんちゅう》のヘビトンボをすくったりしながら、ひとりで、もっと川上のほうへ行った。オオサンショウウオは、明るい昼間は、川岸の巣《す》穴《あな》や、川の中にある岩の下にかくれていると聞いていたので、そおーっと、岩の下にアミを何回もいれてみた。川の流れる音と時々小鳥のさえずる鳴き声だけが聞こえた。うっそうとした中、あまりの静けさで、少しこわい感じがした。急いで、みんなのいるところまでもどると、バケツの中に小さな生き物がいっぱいになっていた。

「おーい、あつまれー。この川にたくさんの生き物がいることがわかったね。さあ、帰って名前を調べよう」

「こんなに生き物がいるきれいな川だもん、オオサンショウウオ、きっと見つかるよな」

あきらの声に浩太も、心をはずませて、帰り道についた。

二学期に入ったある日の休み時間。教室の近くにある正門の方から大きな声が聞こえてきた。

「おーい、みんなおいで」

浩太たちが行くと、声の主は、六月の生き物調べで川に行った時、案内してくれた大下さんだった。大下さんは、大きな水そうにオオサンショウウオを入れて、みんなに見せに来てくれたのだ。

「わー、すごい」

「キャー、大きい！」

浩太たちは、オオサンショウウオを見て声をあげた。体長六十センチ位はある。

「よいしょ」

大下さんが水そうの中から、だきあげた。

「ちょっと見て見て、これ目だね。小さい目だね」

「わー、手があるよ！　赤ちゃんの手みたい！　かわいい！」

「指もちゃんとあるよ」

「わー、指が四本だ」

「知らなかった……」

みんながオオサンショウウオに手をだした。浩太もおそるおそるさわってみた。体全体にいぼがあり、ぬるぬるしていて冷たく気持ち悪い気がした。でも、なぜか、そんなにいやではなかった。

「みなさんさわってみてどうでしたか？　こんな大きなオオサンショウウオが、近くの大谷川に棲んでいます。オオサンショウウオを保護《ほご》することは、自分たちの住む地域《ちいき》の水環《かん》境《きょう》を守ることと同じですよ。どうか、みなさんで学習していることを、いつまでも忘《わす》れないで、この古橋の自然を守っていってください」

大下さんは、やさしい目で、みんなを見た。

「ハイッ」

みんなの声がそろった。浩太も大きくうなずいた。


木の葉が少し色づき始めた十月の下旬《げじゅん》。浩太のクラスでは、いよいよ、発表会に向けての準備《じゅんび》が始まった。

看板《かんばん》にオオサンショウウオの絵を描《か》いた後、マップを作った。次に、川を守るためのメッセージを書き入れたしおりを、たくさん作った。発表会の最後には、オオサンショウウオに関するクイズを出して、盛《も》り上げることにした。その問題もみんなで考えた。

十一月二十三日、いよいよ発表の日だ。みんなは、学校を出発。大谷川の橋のそばについた。近くにある己高山《こだかみやま》のふもとの鶏足寺は、秋になると紅葉《こうよう》が美しく、毎日のように大勢《おおぜい》の観光客が訪《おとず》れる。そこには、古橋の人たちが育てた柿《かき》や柚子《ゆず》、手づくりした品物を売る店、甘酒《あまざけ》のふるまいなどの店が出ている。

浩太たちは、その通り道にある橋のそばに、机《つくえ》や看板《かんばん》を運んで、発表の場所の準備をした。その横を大勢の観光客がつぎつぎと通っていく。先生もはりきっている。

「さあ、みんな、観光客の人たちをよびこもう」

浩太は、緊張《きんちょう》したが、思い切って声を出した。

「みなさーん、オオサンショウウオの発表をするので、ぜひ聞いていってくださーい」

すると、他のみんなも口々に、よびかけた。

元気なよび声を聞いて、道ゆく人たちが足を止め、集まってきた。浩太は、ちょっとドキドキしながら、みんなで作ったマップを高くかかげた。

「このマップをみてください。オオサンショウウオの事が書いてあります。生息《せいそく》条件は、
(一)水の中にかくれることができる穴があること。
(二)食べ物になる小魚や水生昆虫がいること。
(三)水温が高すぎないこと。夏、二十五℃以下であること。
この三つです。これらの三つの条件がこの大谷川にはあります。平成十四年にオオサンショウウオが発見されました。そして、大谷川の上流にたくさん棲んでいることが分かり

しおり
プレゼント!
オオサンショウウオ
研究発表会
大谷川

ました。木之本《きのもと》の土木事務所では魚道《ぎょどう》を数年間かけてつくり、今では、長浜《ながはま》バイオ大学の学生さんの調査で、鮎《あゆ》も、遡上《そじょう》してくるようになっています」

浩太は、力をこめて大きな声で説明した。浩太の声にますますたくさんの観光客の人たちが集まってきてくれた。

「へー、オオサンショウウオがいるの？　すごいわねえ」

にこにこ顔のおばさんがマップを見ている。

「そうです。この川です」

浩太は、大谷川をしっかり指差して答えた。

「みなさーん、それでは、これからオオサンショウウオに関するクイズを始めます。◯か×かで答えてください」

「では一問目です。オオサンショウウオの好物はサワガニである。◯か×か？　◯と思う人は、手をあげてください」

みんな、しばらく考えていたが、手を挙げる人は二人だけ。

「答えは、◯です。サワガニや、カワムツ、水生昆虫を好んで食べます」

「そうなんだー、知らなかったなー。カニを食べるとはなあ……」

おじさんは興味《きょうみ》深そうに次のクイズにも参加してくれた。いつのまにか大勢の人が浩太たちのまわりをとりまいていた。楽しいクイズの発表は大成功だった。

発表会の最後に、浩太はもう一度息を吸《す》い込《こ》んでおとなの人を見た。

「オオサンショウウオを守るために、川にゴミを捨《す》てないでください。きれいな水にしか棲めないからです。では、これで、高時小学校四年生の発表を終わります。ありがとうございました」

つづいて、四年生みんなでそろっておじぎをした。徳山先生も、後ろで頭を下げた。一斉《いっせい》にまわりから大きな拍手《はくしゅ》がわきおこった。

「よかったよ！」

ひときわ大きな声の方をみると、みんなの中に大下さんの笑顔があった。

「大下さんありがとう」

浩太たちは、いっせいに手をふった。最後に全員で参加した人たちにメッセージ入りのしおりをわたした。

「君たちの一生けんめいな気持ち、伝わったよ」

「よくがんばったね」

口々に、あたたかい言葉がかえってきた。

「やった！」「よかった！」

浩太たち六人は、うれしい気持ちいっぱいで、先生を先頭に学校に向かった。真っ赤な紅葉が山々をそめていて、きれいだった。

浩太は、いつの日かぜったいに、大谷川のオオサンショウウオを自分で見つけたいと思った。

ミラクル　ミラクル

樋口《ひぐち》てい子《こ》

パパ～ン　パン　パン。

でっかい音が青空ではじけた。

今日は十月初めの日曜日。

年に一度の「わが町フェスタ」の日だ。

町のグラウンドに、朝、早くから大勢《おおぜい》の人が集まっている。

食べ物や、アトラクションのテントが張《は》られた。ぼくのママが手伝う、うどんやさんも見える。

ぼくたち、「グリンキッズ二班《はん》」は、正門近くのテントで花の苗《なえ》や球根を売る。

グリンキッズとは、緑を守る少年団《だん》で、植樹《しょくじゅ》をしたり、緑化活動をする団体だ。

指導者《しどうしゃ》は、背高《せいたか》のっぽでやさしい古川さんで、ぼくたちは「おっちゃん」って呼《よ》んでいる。

ジュン君、はると、ぼくの三人が午前中の担当《たんとう》だ。

「いいかい『グリンキッズ』は、町の緑を守るココロザシが大切だよ。がんばろう」と、おっちゃんが大まじめに言った。

パパ〜ン　パン　パン　パーン。

二回目の音は、開始の合図だ。

正門が開けられると、待っていた人たちがわーっと入ってきた。

そして、ぼくたちの前を通りすぎ、グラウンドの南側にある体育館に向かって急いでいる。

体育館は、バザーの会場。町の人たちが出した品物が超格安《ちょうかくやす》で売り出される。

ジュン君が通りすぎる人を見ながら、

「なーんや、だれも来てくれへん」とぼやいた。

「えっ?」。ぼくは、別の事を考えていた。

きのう、商店街に住んでいるタクヤが、「中田おもちゃ店がミラクルヨーヨー出したって」と教えてくれたからだ。

ぼくらが低学年の頃《ころ》、ヨーヨー遊びがはやった。ひもを円盤《えんばん》に巻《ま》き付け、放ったり引き戻《もど》したりして、円盤を上下させる遊び。ぼくの使っていたヨーヨーは木に色を塗《ぬ》ってあるようなふつうな感じのものだったけど、転校してきたマモルのは違《ちが》った。

青く透き通《す》ったヨーヨー。

「光の中で技《わざ》を連発させると虹《にじ》ができるんだ。ミラクルヨーヨーさ」と、マモルは自慢《じまん》した。

みんなも、そして、ぼくもあこがれた。

よし、バザーで絶対《ぜったい》ゲットするぞー。

「ひろ君、何、ニヤニヤしてるんや」

ぼくは、ジュン君に肩《かた》をパチーンとたたかれた。

「エヘッ。なんでもないって」

ぼくは、首をすくめた。

そのうち、バザーの帰りの人が寄《よ》ってくれだし、苺《いちご》や、スミレの苗、チューリップの球根などが売れ始めた。

ぼくたちは、うれしくて、「ありがとうございまーす」と、おじぎをしたり、客足が途《と》切《ぎ》れると、「花の苗や、球根は、いかがですか。安いですよー」と、大声を張り上げたりした。
そんな時だった。
ばあちゃんと帰っていく男の子の持っているものに気がついた。
やばいぞ！
ミラクルヨーヨーみたいだ。
それからのぼくは焦《あせ》りモードに突入《とつにゅう》した。
ウォ～ン　ウォ～ン　ウォ～ン。
近くの工場のサイレン。十二時だ。
「はい、ごくろうさん。うまいもの、食べてこいよ」
おっちゃんの声に、ぼくらは、はじけるように飛び出した。
「腹《はら》へった。先に食べようぜ」
ジュン君がさそったけど、ぼくは断《ことわ》って体育館に急いだ。

体育館の中は、多くの人でザワザワしていた。
ぼくは、おもちゃ類のコーナーに直行。
並《なら》べられたぬいぐるみや、フィギュア、ゲーム類、色紙《いろがみ》や、ママゴトなどの間を見て回った。

「何を探《さが》してるのやな」

子ども用のいすに、どっかりと座《すわ》っているおばさんが、メガネをずらしてぼくを見た。

「ヨーヨー。ほら、青い、ガラスみたいな」

「あーあー、あれはな、さっき、最後の一つが売れてしもうたわ」

「えーっ、やっぱり……」

プシュ〜っと、風船がしぼんでいく感じや。

外に出た。テントの方を見ると、にぎやかだ。風に乗ってうどんのいい匂《にお》いがする。

しゃーない、うどん食べに行こう。ぼくは、今朝、ママにもらった、特別こづかい五百円と、うどん券《けん》の入った財布《さいふ》をズボンの上から確《たし》かめた。


うどんやさんのテントは満員。やっとあいた席を確保《かくほ》。うどんをもらってきた。

ママは？　と、目でさがすと、奥《おく》の方の仮設《かせつ》の流しで洗《あら》い物をしている。

ママのかけている黄色いエプロンを見て昨夜のことを思い出した。

前日の準備《じゅんび》から帰ってきたママが、「バザーにからし色のコートが出ていたわ。きれいな色だった」と言った。ぼくが、「からし色ってどんな色？」って聞いたら、冷蔵庫《れいぞうこ》からからしのチューブを出してきて、小皿に、にゅーと出し、「こんな色」と言った。

それは、黄色に、緑色を少し混《ま》ぜたような色だった。おねえちゃんが、「ママに似合うと思うよ」と言ったら、パパが、「着て見なわからんゾ」と茶化《ちゃか》した。

それを思い出しながら、大きな油揚《あ》げがのせてあるキツネうどんを食べた。

「あーおいしかった」

ぼくが、立ち上がった時だった。

「ひろくーん」

ママの、よく響《ひび》く声が飛んできた。手まで大きく振《ふ》っている。もう……、はずかしいなあ、ぼくは、指を小さく動かして答えた。

ママのせいか、うどんのせいか、体の内側がポカポカしてくる。

と、その時、いい考えがひらめいた。


バザー会場につくと、女の人の服のコーナーに行った。係のお姉さんがいた。

ぼくは、ハンガーにかかっている色々なコートを目で見ていき、からしチューブ、からしチューブと呪文《じゅもん》のように唱《とな》えながら、からし色のコートを見つけ出した。五百円の値札《ねふだ》がかかっている。よかったー。買えるやん！

「これをください」ぼくは、そのコートを指さした。

お姉さんは、「えっ？　君が買うの？」と、不思議そうに言ったけれど、すぐに笑顔になって、「わかった。お母さんにプレゼントね」と、ウィンクした。

それから、「Mサイズだけどいいのかしら」と、たずねた。

「えーと、ふつう位だから、それでいいです」

おねえさんは、にここと、ビニール袋《ぶくろ》に入れてくれた。かなりでかい。

お金を払《はら》い、両腕《うで》に抱《かか》えて外に出た。

「ぶふわーっ」と、深呼吸《しんこきゅう》。

ほっぺたが、かっかと熱い。

門のそば、グリンキッズのテントに、おっちゃんと、午後の当番の三人がいた。お客さんも二人いる。

おっちゃんが、ぼくを見つけた。

「おっ、大きな買い物をしたな。前、見えるか？　気を付けて帰りなよ」

本気で心配してくれた。

「ただいまー。ああ、疲《つか》れた、疲れた」

夕方、二階にいたら、下からママの声が聞こえてきた。ぼくは、コートを抱えてだーっと下に降《お》りた。

ママは、リビングのソファーにカバンを持ったまま座《すわ》り込《こ》んでいた。

「からし色ってこれやろ？」

ぼくが、コートを差し出すと、

「えっ？　どういうこと？　ひろ、買ってくれたの。買ってくれたんだあ」

ママは、顔いっぱいの笑顔になって、立ち上がると、袋《ふくろ》ごと、ぼくを抱《だ》きしめた。

「やめてくれー」

ぼくは、すり抜《ぬ》けた。

「ありがと。感激《かんげき》。ママもあるよ。ほら、これ、前に欲《ほ》しがっていたよね。高くて買ってあげられなかったことを思い出して、最後の一つを買ったのよ」

カバンの中から出てきたのは……。

青く透き通ったヨーヨー。

「えっ？　やったー。ありがとう」

ぼくは、ヨーヨーを手のひらに乗せて飛び跳《は》ねた。

それから、テラスに出て、円盤にひもを巻き付け、さっと放った。

そして、くいっと引く。
青く、透き通った円盤が、夕日にきらめきながら、ぼくの手元に戻ってきた。

北《きた》リンピックでガチンコ勝負

草香恭子《くさかきょうこ》

瀬田北《せたきた》小学校の名物は、北《きた》リンピック。スポーツのガチンコ勝負だ。中でも三学期のなわとびは、十四年も続いている。

三年二組のなかよし二人組、ポニーテールのアンナとのっぽのみきは、短なわで『れんぞくとび』の部の二重とびにエントリーしようと、毎日練習している。どのわざも、決勝大会には十人ずつしか出られないし、二重とびは大人気で一番ライバルが多い。

「学年も男女もまぜこぜの中で、決勝大会出られたら、めちゃめちゃカッコいいと思わへん?」

「ホンマホンマ。めっちゃあこがれる! 決勝大会出たーい」

と、二人で運動場に出ると、ジャンピングボードをめがけてダッシュした。

三つあるジャンピングボードは、先生たちの手作りで、大きなベニヤ板の両はしに柱みたいな木を打ちつけただけ。でも、板のバネでビョンビョンとべるから、むずかしいわざを練習する子たちに大人気。

どこにも書いていないし、先生たちに言われたわけでもないけど、ひっかかったら交代するルールをみんなが守っている。

走りながら、アンナが聞いた。

「どれにする？」

「右！　一人しかならんでないもん」

二人で右の列にならんでじゅんびバッチリ。

でも、左も真ん中もどんどん交代していくのに、右の列は、五年生の女の子が、真けんな顔で連続あや二重とび、瀬田北小での『ツバメとび』を続けている。早く交代してほしかったはずなのに、

三十五、三十六、三十七……。

と、いつの間にかアンナとみきも、列にならんだみんなといっしょに数えていた。

「上手いな。すごいね」

「うん、ホンマ、めちゃかっこいいー」

ひゅんひゅんなわがうなっている。ところが、とうとう四十五で引っかかった。

「あーあ」

二人ともがっかりして、ため息をついた。

いよいよアンナの番だ。ふーっと息をはいてから二重とびを始めた。

十六、十七、十八……。二十回も行かないうちに引っかかった。

やっとじゅん番が来たのにがっかりだ。アンナがもう一度列の後ろにならぶと、すぐに、みきが半べそでアンナの後ろにならんだ。

「え？　もう引っかかったん？」

アンナがあきれたように言うと、みきが、

「上手い人はええなあ。ずーっとボードを使っていられて。あー。いいこと考えた！　土曜日にヒミツの練習やろうよ！　そしたら、すきなだけボード使えるやん」

ヒミツのところに力をいれてアンナに言った。

「二人だけでヒミツの練習。約束やで。ぜったいやで」

みきのさそいにアンナはにこっとうなずいた。

土曜日の朝、アンナがマフラーをまいて、さあ出発しようってときに、みきから電話があった。

「パパがさあ。買い物行こうって。ウチ、練習行くのやめる」

「えー。ヒミツの練習やろう言うたの、みきやんか。約束って言うたのも、みきやし」

「だあって、パパが……」

と言う、みきのあまえた声に、

「あっそう！　みきのうそつき！　もういい。アンナ、ペコと行くし」

アンナがガチャンと電話を切ると、しば犬のペコはもう足元でシッポをふっていた。


右手になわとび、左手にペコのリードをつかんで校門を入ると、運動場はがらーんとして、いつもとちがう顔をしていた。カラカラにかわいた冷たい風がアンナの耳やほっぺにつきささる。ジャンピングボードも、なんだかすごくかたそうだ。アンナはペコをだっこして、いつもみきに聞くように、

「どれにする？」

と、聞いてみたけど、ペコはシッポをふり回して、アンナの顔をなめるだけだ。

アンナは、ふうっと白い息をはくと、リードとマフラーをサッカーゴールにくくりつけた。一人ぼっちじゃぜんぜんやる気が出ない。だから、アンナは大声で、

「右でいくで！　ペコ、ちゃんと見ててや！」

と、右のジャンピングボードの上で、なわとびをかまえた。遊んでもらえると思ったペコが、キャンキャンほえた。

「ペコ、うるさい！　だまって見といて」

アンナは、そう言ってから、自分がカッコ悪いと思った。（ペコは悪くないのに、ごめん……）だから、だまって、またとび始めた。

がらんとした運動場にアンナのとぶジャンピングボードの音だけがきそく正しく続いている。

とん、とん、とん、とん……。

とぶたびに、ポニーテールが、熱くなったほっぺに当たり、耳元では、なわのうなる音が聞こえる。アンナはじっと目の前の一点を見つめて集中した。

ひゅん　ひゅん　ひゅん……ピジッ！

ひゅん　ひゅん　ひゅん……。

何度も何度もくり返しとんだ。

「あんっ！　みき！　今、五十二回いったよな！」

アンナがふり返ると、ペコが、ひなたで小さく丸まっている。

「ああ。みきはいないんやった。集中しすぎてわすれてたわ」

アンナは小さくつぶやいた。


次の体育の時間、カヨ先生は、アンナのエントリーカードに四十五回と書いてサインした。ヒミツの練習では五十二回もとべたのに、先生の前だとだめだった。じっとカードを見ているとと四十五の字がにじんできて、なみだがこぼれそうだった。アンナはギュッと目をつぶって、（一人でも、がんばったもん。決勝大会出られますように！　おねがい！）と、心の中でさけびながら、『二重とび』ようのエントリーボックスにカードを入れた。

次の日の朝、カヨ先生が、

「大ニュース！　アンナさんが二重とびで決勝大会に出られるよ」

って、教室にとびこんできた。

「やったあ！　やったあ！」

アンナは、ガッツポーズでとびあがった。クラスのみんなも大さわぎだ。

みきが大きな声でくやしそうに、

「いいなー。アンナ一人だけ、ずるいわ！」

とさけんだのを聞いて、アンナは、

「ウチはずるくない！　必死で練習したもん。約束やぶったんは、みきやんか！」

と、大声で言い返した。

教室のみんなは、なかよしのはずの二人をびっくりして見ている。みきはプンっとそっぽを向いてふくれている。それを見たアンナは、すごく腹が立って、むくむくやる気がわいた。


昼休みの体育館が決勝大会の会場だ。コーンで仕切られた体育館の真ん中が試合場所。そのまわりでみんながおうえんする。

アンナは集まった選手たちを見回した。ガチンコ勝負だけあって、選手の中には、一年生から六年生までがまじっている。

真冬の体育館の空気はキーンと冷たかったけれど、選手のジャンプとみんなのおうえんの声で体育館全体が大きな生き物みたいにゆっさゆっさとゆれている。

アンナはきんちょうで、足がガクガク、目はチカチカし始めた。

（あー。こんなとき、みきがいてくれたらいいのに）そう思って、はっとした。みきにずるいって言われて、腹が立ってむくむくやる気がわいたのに、みきにいてほしいって思

ガンバレ!!

うなんて……。そう思っていたら、

「『連続とび』、二重とびの部、予選十位。三年二組、松田アンナさん」

と、マイクでよばれて、アンナは真ん中の試合場所に入った。

「アンナちゃん！　ガンバレ！」

「きんちょうしないで。スマイルだよ」

おうえんの声にふりむくと、三年二組のみんなとカヨ先生が手をふっている。そのど真ん中には、みきもいる。

「アンナ、ずるいとか言ってごめん。ってか、土曜もドタキャンしてごめん！　ウチの分もがんばってやー。リラックスやでー」

みきは、くねくねとタコおどりでおどけている。それを見たアンナも力がぬけて、ちょっと笑えてきた。

アンナは、みんなの方を向いて、いっしゅん、手をふった。それから、

（がんばったもん。だいじょうぶ。平気。集中、集中、集中！）

と、自分に言い聞かせて、ふーっと大きく息をはきだした。

始めの合図で、とび始める。カウント係の先生が二人がかりで数える。

ポニーテールが、ほっぺに当たるけど、アンナはじっと目の前を見つめて、ひたすらと

び続ける。

ひゅんひゅんひゅん……と、なわがうなる。

ドキドキの結果発表。アンナは六十回のじこベストで八位だった。

三年二組のみんなはとびあがってはくしゅした。背中をどんどんたたいてくる子もいる。

アンナは、

「一位は百五十四回か。うーん。まっだまだ、かなわないなぁ。でぇも、来年もチャレンジしたる。ヒミツの練習ももっとする。その時は、みきもいっしょにな」

と、みきのうでをぐっとつかんだ。みきもニカッとうなずいた。

アンナのむねの中には、まだまだ、ひゅんひゅんひゅん……が続いていた。

ゆうきのマラソン大会

平《ひら》松《まつ》成《しげ》美《み》

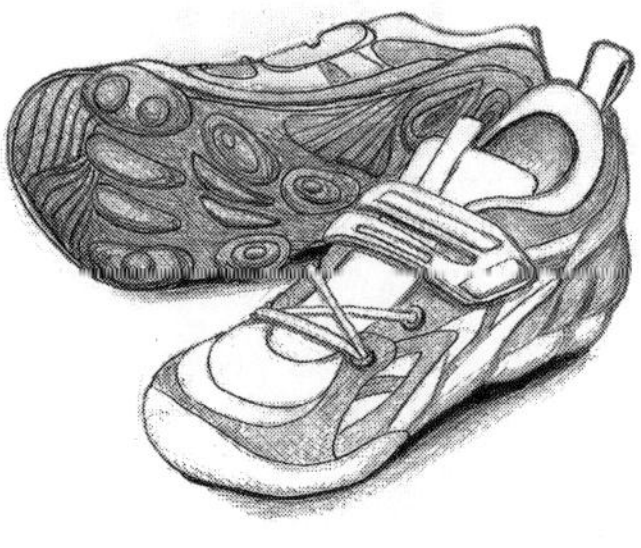

まどからやさしい光がさしこんだ。ゆうきは、大きくのびをし、ベッドから起きた。

「母さん、おはよう」

「あら、ゆうき、おはよう！　めずらしいね。目覚まし鳴っても、起こしに行っても、なかなか起きへんゆうきが……」

「今日は、マラソン大会やからな」

「あっ、そうやったね。今年も一番ねらってるの」

「あたり前やん。一年の時からずっと一番やねんで」

「そうやったね。でも、ゆうきのクラスの男の子、運動大好きな子多いやろ。三年間くやしい思いしてる子、いっぱいいると思うよ」

「そんなん関係ないわ」

「まあ、自分の全力出し切って、くいのないようがんばってね」

十一月五日、秋晴れ。雲ひとつない青空が広がり、風は気持ちよくふきわたっている。ぜっこうのマラソン日和《びより》だ。もうすぐ三・四年生の部が始まる。コースぞいには、たくさんの保護者や地いきの人が応援《おうえん》にかけつけている。母さんの顔もみえる。

みずうみ小学校のマラソン大会は、学校から歩いて五〜六分のところにある学校ビオトープ「希望の森」の北側の休こう地で開さいされる。その休こう地の周囲にコースがあり三百メートルおきに、保護者二〜三名が、熊よけの笛を持って、ポイントと救護をかねて見守ってくれている。

「ピ〜ッ」集合の合図の笛がなった。三・四年生全員がスタート位置についた。

「ヨーイ、ドン!」先生の号令とともに、ピストルの音がズドンとなった。ダッ、ダッ、ダッ、ダッ、ダッ。三十七名が力強くいっせいに走り出した。

「がんばれ〜」「ファイト!」応援の声が、ひびきわたる。

スタート直後は、団子状態で走っていた三十七名が、百メートルを過ぎたあたりから、じょじょに先頭集団、中集団、後ろ集団とかたまりができ始めた。四年生のゆうきは、もちろん先頭集団。勉強よりは運動大好きなゆうきは、今日は自分の出番とがぜん張り切っている。

（今年もぼくが一番や！）と、心の中でにんまりしながら、余裕の気持ちで、快調に走っていた。

一年生で初めて経験した八百メートル。あのきょりを走るのは初めてやったからしんどかったけど、一年生の中では一番でゴールした。二年生の時は、低学年の部で一番。三年生になってきょりが千五百メートルとほぼ倍になったけど、四年生に混じって三番目にゴール。もちろん三年生十九名の中では一番。だから今年もぼくが一番になるのは当たり前！と、ゆうきは余裕《よゆう》しゃくしゃくで走り続けていた。

ゴールのテープが見えてきた。あと百メートル。満面の笑顔で気持ちよくテープを切る自分のすがたを思いえがいていたその時、急にかん声が大きくなった。

（一番のぼくをみんなが応援してくれてるんや）

タッ、タッ、タッ。

（うん？　だれか近づいてきたんか？）

一瞬《いっしゅん》後ろをふり返る。ちらっと見えたのは、たくみだった。これまで三年間、万年《まんねん》二番のたくみだ。

(こりゃ、やばい)と思った瞬間、足がもつれた。つまずきそうになって体勢がくずれた。

タッ、タッ、タッ……。さっきより、たくみの足音が大きくなってきた。

(このままやったら、ぬかされる!)

『ゆうきがんばれ! ダッシュや、ダッシュや!』と心の中で声がした。

(そうや、ここでがんばらな。一番はぼくに決まってるんやから)

その時、ハッ、ハッ、ハッ、ハッ…… たくみの息音が聞こえた。と思ったその時、ぬかされた。

(あかん、ついにぬかされてしもた。よーし、たくみ、見とれ!)

ゆうきは、力をふりしぼって必死に走り、たくみを追いこした。と思ったら、すぐにぬかされる。たくみとゆうきは、ぬきつぬかれつの大接戦《せっせん》。かん声がいっそう大きくなった。

(ゴールは目の前や。負けるわけにはいかんのや)と、全速力で走ろうと思うのに足が思うように動かない。

『ほんまにがんばれるんか。あきらめた方が楽になるで』と心の中で声がした。

ゆうきは、負けたくない気持ちともう無理やという気持ちと戦っていた。最後のひとふんばりとダッシュしようとしたその時、ゆうきの横をたくみがかけぬけていった。

（ぬかされてしもた。もう、無理や！）

そう思った瞬間、たくみがゴールのテープを切った。大きな拍手《はくしゅ》がわきおこった。

ゆうきのタイムは五分五十六秒。たくみに遅《おく》れることたった一秒。タッチの差やった。三年生の時のタイムより二十秒ほど早くゴールできたし、目標やった五分台のタイムやったのに、ちっともうれしくない。負けてしもた！　初めての負け。くやしい気持ちでいっぱいだった。

たくみのまわりに、友だちがみんなかけより、

「たくみ、すごいな」

「一番おめでとう！」

「ラストスパート、かっこよかったで！」と口々に言っている。

ぼくは、ぽつんと一人取り残されて、みじめな気持ちだった。

ひろとの母さんが、「ゆうき君も、ようがんばってたやん」と、背中《せなか》をとんとんしながら声をかけてくれた。でも、ちっともうれしくなかった。ぼくの母さんはというと、にこにこ笑いながら、なっちゃんの母さんとしゃべっている。ぼくの視線に気がついて手をふっている。ぼくが負けたのに、くやしい思いしてるのに、母さんは、なんでにこにこしとるんや。手ふってる場合か！　腹がたった。

「ちっ！」と思いながら、地面を右足でけった。その瞬間だ。なぜかぼくのくつがぬげて、空をまった。

（なんでやねん。ぼくのくつ、どこ行くねん）

ポチャンという音が聞こえた。

（あ〜あ、池の中に落ちてしもた。マラソン大会のために買ってもろた新しいくつやったのに。まだ三回しかはいてないのに……。マラソンには負けるし、くつは池に落ちてしまうし、ついてないなぁ。ダブルパンチや。ふんだりけったりやぁ）

悲しい気持ちとくやしい気持ちとがぐちゃぐちゃになって、何がどうなってるかわからへんようになっていた。その時、

「はい、これではいとき」と、母さんの声。

ふりむくと、長ぐつを持ったにこにこ顔の母さんがいた。

「最後にぬかれたんは、残念やったけど、ずーっとええ走りしてたやん。おつかれさん。くつ、池に落ちてしもて拾えそうにないしねぇ。かた足で学校まで帰られへんやろ。ちょうど、車にゆうきの長ぐつあったから、持ってきたで」

「えっ、長ぐつ！　こんな晴れた日に、なんで長ぐつはかなあかんねん」

「そんなら、はだしで帰る？　学校まで、ちょっときょりあるよ」

ぼくは、無言で、母さんの差し出す長ぐつを受け取った。

負けたくやしさを、心のなみだを友だちに見られたくなくて、ぼくはクラスのみんなからぽつんとはなれて、のそのそとうかない気持ちのまま学校までもどった。


クラス全員が着がえ終わった時、山本先生が、

「みんなようがんばったね。おつかれさん。去年より順位が上がってうれしい気持ちの人や負けてくやしい気持ちの人。十九名ひとりずつ、心の中の気持ちはいろいろやと思います。でも、先生はうれしいよ。だって、今日のみんなの走りは、練習の時より良いタイムになってたでしょ。みんながんばったね。さあ、拍手！」

パチパチ　パチパチパチ……。

教室に大きな拍手がひびきわたった。ゆうきも拍手をしていたが、気持ちは落ちこんだまま。

(ほんまは、たくみにおめでとうって言わなあかんのやろけどなぁ。言う気になれへんぼくって……)

夕飯の時、父さんが、

「ゆうき、きょうのマラソン大会どうやった？」

「あかんかったわ。最後にぬかされてしもた」

「そうか、残念やったな。くやしかったやろ」

「うん」

ゆうきは、それ以上ことばが続かなかった。

「母さんもくやしかったわ」

「えっ、母さんもくやしかったん？　笑って手ふっとったやん。ぼく、あの時めちゃ腹たっとってんで。それに、長ぐつなんか持ってくるし……」

「おとなやから、くやしいとか言われへんやん。長ぐつはゆうきがこまるかなぁと思ての親心やったんやけど。ごめんごめん。負けてくやしい思いしてるゆうきに、余計にいやな思いさせとったんやねぇ」と母さん。

(母さんも、ぼくの気持ち、わかってくれとったんや)ゆうきは、ちょっとうれしくなった。

「あと百メートルっていうところまでは、ゆうきがだんトツやったからね。母さんも、今年もゆうきが一番！　って思ったもん。だからたくみ君に最後の最後にぬかされてしまって……。そりゃものすごいくやしい気持ちやったのようわかるわ」

「スポーツは、勝つか負けるかやからな。父さんもサッカー少年やったから、ゆうきのくやしさ身にしみてわかるわ。でもなぁ、今思たら、負けるたんびに強なれたような気がするな。負けた経験がなかったら、自分の欠点や弱いところわからんまんまやったと思うからな」

「ふうん、そうなんや。よう考えたら、ぼく初めて負けた経験したんやなぁ」

「ゆうき、負けたからゆうて、自信なくさんでええんやで。大事なんは、今日の経験をプラスに考えることや」と、父さん。

「そうやな。来年のマラソン大会はリベンジするわ」

ふとんにはいってからも、ゆうきは今日のことを考えていた。

負けるってやっぱりくやしいなぁ。たくみは三年間ずっと二番で、今日のぼくみたいな気持ちやったんやろな。そやから今年こそ一番になるで！　と『ここでがんばらんと』と思って最後の百メートル力出しきったんやなぁ。今ならたくみの気持ちようわかるわ。よーし、いつまでも負けたことで、くよくよするのはやめよ。来年一番になったらええんや。

まみの土器つくり

林《はやし》田《だ》博《ひろ》恵《え》

「行ってきまーす」小学六年生のまみにとって、今日は大事な日。

公ぼで集まった市内小学五、六年生十五人の仲間と、守山《もりやま》の下之郷《しものごう》で発見された弥生《やよい》時代のかんごういせきあとで体験学習をするゴーキッズが今年も始まる日なのです。

おじいちゃんにゴーキッズの話をすると、

「ほっほう、弥生時代の勉強をするのか」

「そうやで、ここに弥生時代から人が住んでいたしょうこの、かんごうというほりも見つかったんやで。すごいやろう」

「ほんまやなー」

「それにな、電気も何もない時代に、お米をさいばいし、びわ湖のフナも加工して食べたんやて。これってすごくない」

「すごいこっちゃな。今年もむずかしい事を勉強するんやな」

「うん。楽しみやねん」

考古学好きのまみは、ワクワクしながら会場へ自転車を走らせました。

会場のてんじ室には、下之郷いせきで発見されたいろいろな土器のはへんが、まるでパズルのようにつぎはぎでくっついている物や、土器の底が黒くよごれている物もありました。

まみが学習室へ行こうとしたとき、いつもは、ピッタリとしまっているほ管室の戸が少し開いています。

「あのー、だれかいるの？　入るよ」

まみは、すべりこむように中へ入りました。部屋の中は、箱がつまった、たなばかりです。箱の中には、赤ちゃんのつめくらいの小さな物や、おすもうさんのような大きな手の平大の土器のかけらが、小分けされた箱に入っていました。

不思議に思っておくへ進もうとしたとき、ガラリと戸が開いて所長さんが入って来ました。

「おっ、だれかと思ったよ」

「わたしな、何が入っているのか知りたくて」

「そうか、ここはほ管室って言うんだよ。ほら、見てごらん。みんな土器のかけらだよ」

「わー、ほんまや。所長さん、このアルファベットは何？」

「あー、これか。みんなは知らんやろうな。このMは守山のMで、Yはよし身のY。そして、このSは下之郷のSや。発見した場所がすぐ分かるように決めてあるんだよ」

「へえー、そうなんや」

「こうやると、だれが見てもすぐ分かるだろう」

「なるほどねー」

まみがおとなのような返事をしていると、始まりの合図がありました。

先生は、去年と同じ小島先生です。

先生がゆっくりとはば広のかけじくを広げると、

「あっ、ぼく、それ知ってる」

年表の横にある茶色い四つの土器の絵を指差すと、幸喜《こうき》が言いました。

「では、幸喜君。この土器の名前を言ってください」

幸喜は、前に出ると差しぼうでしめしながら
「これがつぼです。右にあるのがかめです。左下がはちで、右下がたかつきです」

「はい。良く知っていましたね。このような土器が弥生時代に作られ、多く見つかっています。では、今度は、今年初めて参加の人にも分かるように、土器の特ちょうを言って下さい」

しょうまが手をあげながら立ち上がると、

「えーと、その花びんのような形のつぼに物を入れてほぞんしました。右はかめとよばれる物です。これでにたきをしました。つぼは、口が小さくて細長いけれど、かめは口が広くて下が細いです」

「そうでーす」

と、しげきが歌うように返事をしたので、みんなが大笑いしてきんちょうがいっぺんにゆるみました。

するると、後ろの方から声がしました。

「ほな、先生。ここにあるかめは、みんな本物ですか」

「はい。てんじされている物はみんな本物です」

「えー、すげー」

「本物やてー」

学習室は、前よりもさわがしくなりました。すぐにしつもんです。

「でも先生、土器って土やろ。こわれないの？」

「はい、弥生の人は工夫したんですね。どんな工夫でしょうか」

「村の長老とか、物知りの人に聞くとか」

「もちろん。そんなこともあるでしょうが、土を工夫したのです」

「えーっ、土をどうしたんやろ？」

まみの頭の中は、はてなマークだらけです。「水の配分じゃないの」と、幸喜の声。

「そうや、きっとそれやわ」

「かめ作りは土が大切なのです。ねん土にすなや草をまぜて、強度を調整して作ったんですね。それを、げん代のようなとう芸のかまではなく、草ややわらかいわらの中に入れて焼いたのです。はーい、ここを注目してください」

先生は、かめの黒くよごれた部分をさして、

「このかめでにたきをしたしょうこです。すすのあとですね。この時代、このかめで何でも作ったんですね。では、これから、みんなも土器を作ります」

「やったー」

「先生、持って帰れるんですか？」

「はい。持って帰れますが、この会場にあるような大きいものではありません。ねん土は、

弥生時代のようにわらや草、それにすなをまぜて調合したものです」

「やったね」

うれしくてこぶしをふりあげる子もいます。

それぞれの作業板には、まるで、太めのレンガのような形の物が置いてあります。

まみは、これからねん土遊びでも始めるような気軽な気持ちで作業に取りかかりました。

重心をかけてこねました。

でも、ねん土は、やたらと作業板の上をゴロリゴツンと転がるだけです。

まみは、げんこつでたたいてこねました。

会場は、だんだん静かになって、おしゃべりの声はどこからもしません。

まみとねん土の根気くらべが始まりました。

まみが力いっぱいねん土をおすと、そんな力をきらうようにゴロンと転がります。

「そっちがその気なら、負けへんよ」

まみは、何度もねん土とかくとうしました。

しばらくすると、今まで石のように固く冷たかったねん土がとつ然力をなくし、まみの手でかん単に曲がったのです。

おどろいたことに温まったねん土は、丸めた指の間からニョキッ、ニューと出てきます。

「先生、やわらかくなった」

「あー、せんどしたわ」

「おれ、この仕事、向いてないかも」

きんちょうの糸が切れると、次々に声が出ます。

それに、つるつるしているはずのねん土を人差し指でのばすと、ざらっとします。

「先生、この土、ざらつくよ」

「調合したのがわかるかな」

「うん、ばっちしわかるわ」

まみは、ねんを丸めて土器の底を作ると、今度は細いひもじょうの土をグルグルと積み上げて行きました。

「何だ、土器作りって案外かん単やんか。そりゃそうだわ、げん代人が作るんやからな。後は、この一本まいて、楽勝やわ」

ところが、最後に土のひもをのせると、土器は、とつ然グニャッとだらしなくくずれました。

「えっ、なんでー。今まで何ともなかったのに、何でやの」

ここに来てつぶれるとは、ありえない。

こんなにがんばったのに、くやしくてなみだがこぼれそうになりました。

でも、根気がないと思われたくないので、まみはもう一度こね直すことにしました。

こねるたびにねん土は、ひびわれ、パサパサになって、しまいにはぷっつんぷっつんと切れてしまいました。

「あー、もう。何とかしてー」と、いつもならとっくに大声を出しているところだけれど、今日のまみは、ぐっとがまんをしてイライラを飲みこみました。

そして静かに手をあげました。

先生がまみのそばへやって来ると、まみは、手のひらのねん土をポロポロとこすり落としながら小さな声で言いました。

「先生、パサパサになった」

「あー、そうか。それじゃ水を、ちょっと落としてごらん」

まみは、急いで青いバケツに手をひたすと、教えてもらった通りポトポトと落としました。

本当に元通りになるのか心配でした。

「今日、土器作って来るしな」なんておじいちゃんに言わなきゃよかったと、むねがいたみます。

まみは、いのる思いでやさしくこねました。

「あっ。ねん土が変わった。生き返ったんや」

指がたしかに変わった事を知らせてくれました。

まみは、そっとねん土を積みあげました。

「あー、やっと完成や」

土器は、ずっしりと重く、どこから見ても堂々としていました。

まみは、土器をながめながら、弥生の土が自分の手で生まれ変わったような気がしました。

金《きん》太《た》郎《ろう》相《す》撲《もう》大《たい》会《かい》

鈴《すず》木《き》幸《さち》子《こ》

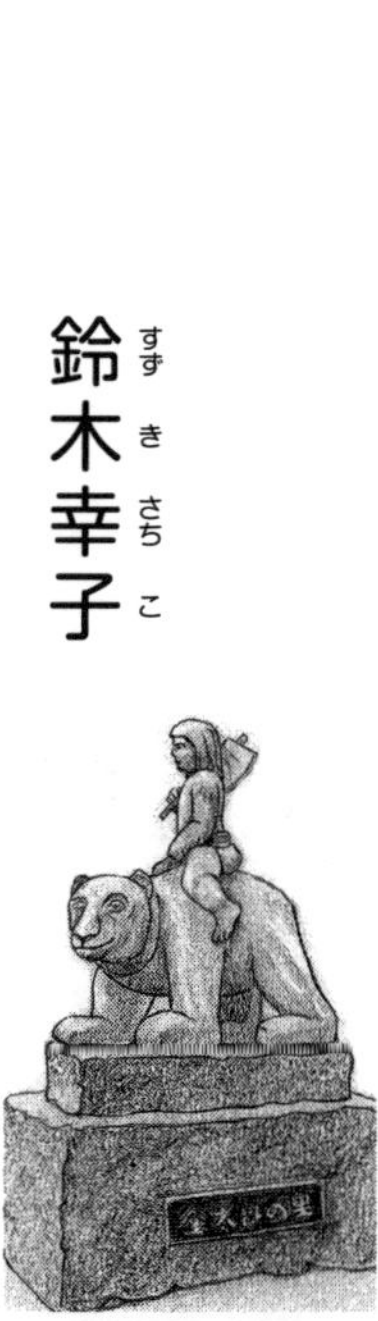

「もしもし、大介《だいすけ》君。ぼく、長浜《ながはま》の英二《えいじ》です。ひさしぶり。今年の金太郎《きんたろう》相撲大会《すもうたいかい》は七月二日に決まったよ。また、長浜に来てね」

「連絡ありがとう。もちろん、今年も参加するよ。長浜には相撲連盟《れんめい》の先生が何人もいて週に二回も教えてくれるらしいな。いいなあ。僕は週に一回だけ相撲教室に通っている。大津からの参加はぼく一人だけど、がんばるぞ」

大介と、英二は二人が幼稚園《ようちえん》の時に、長浜の相撲大会で知り合って、友だちになった。

相撲大会の日になった。大介は、お父さんと二人で朝早く、大津《おおつ》を出発して長浜の西黒《にしくろ》田《だ》まちづくりセンターにやって来た。英二の応援《おうえん》はお父さん、お母さん、中学生のお姉さんだ。

ひさしぶりに会った二人はあいさつもそこそこに中学年の部のトーナメント表を見た。

「僕は第三試合だ」

「僕は、第四試合。相手は健太君《けんたくん》。あの子、去年、三年生だったけど四年生にも勝って、優勝《ゆうしょう》したんやで。相手強すぎや」

英二は不安な表情《ひょうじょう》をかくせなかった。

「心配しないで。がんばろう」

と、大介は、はげました。

トーナメント表には名前と学年と住んでいる町名も書いてあった。大津からの参加は大介だけなので、少し目立っていた。参加人数は全員で六十名。幼児《ようじ》の部、低学年の部、中学年の部、高学年の部、四つのグループに分かれている。中学年の部の参加者は、十二名だ。

「英二君、ほら、あそこでまわしを付けてくれるよ。付けに行こう」

と、大介が指さした。

まちづくりセンターのホールで、地域《ちいき》のお母さんたちが、まわしを付けてくれている。

二人はそこへ行き、上半身はシャツを脱《ぬ》いで裸《はだか》になり、短パンの上から、グルグルとまわしを巻《ま》いてもらった。腰の後ろでグッと締めてもらうと、不安だった英二も、覚悟《かくご》ができ気も引きしまった。

金太郎相撲大会は、金太郎伝説があるこの地で、金太郎のように強くてたくましい子に育つように願って行われている。会長さんの開会のあいさつの後、審判《しんぱん》の先生の説明。先生はいつも稽古《けいこ》をつけてもらっている先生だったので、英二はちょっと安心した。

大介が気になったのは、本部の机に並んでいるトロフィーと、優勝者だけがもらえるたての真ん中にはピカピの金メダルのようなものがはめこんである。大介は今年こそはと、ひそかに優勝をねらっていたので、ますます、ファイトがわいてきた。

去年は二回戦で負けてしまった。今年はこの大会のために週に一回の相撲教室と、そして、家でお父さんと練習をしてきた。

そして、低学年の部。二十人の参加者の試合が始まった。大介と英二は、かわいい後輩《こうはい》の試合を並んで見ていた。しかし、低学年の部が後半になると、二人とも落ち着かなくなってきた。

「大介君、僕、ちょっとお父さんのところに行ってくるわ」

英二はドキドキしてきたことを大介にさとられたくなかったから、その場をはなれた。実は、大介もドキドキしてきた。二人ともゆっくり、試合を見る余裕《よゆう》がなくなってきた。

そんな大介の様子を見ていたお父さんが近寄ってきて

「『はっけよい』ですばやく動いて、まわしをとるんや。何度も練習したやろ」

と、ポンと肩《かた》をたたいて言った。

「うん、わかった」

と、立ち上がって、土俵の方を見すえた。大介はすごい意気込《いきご》みだ。

「中学年の部を始めます。名前を呼ばれた人は集まってください」

みんなの名前を呼ばれ全員がそろった。いよいよだ。二人の心臓《しんぞう》はもう爆発《ばくはつ》しそうだった。

第三試合が始まった。

「はい。見合って。はっけよい」

大介は、すぐにまわしをつかみ、相手を押し出した。軍配《ぐんばい》は大介に上がった。練習どおりできた。大介はお父さんの方を見てニッコリした。

「次は英二君やで。がんばってな」

「うん」

英二は緊張《きんちょう》でドキドキしていた。

第四試合。

「はい、見合って。はっけよい」

英二は思い切って前に出た。しかし、健太に、からだをかわされて、英二は土俵に手をついてしまった。

「あっ」

英二は何が起こったのか、わからなかった。手のひらを地面についていて前のめりになっている。軍配はすぐに上がり勝者の名前を言っているが、行司《ぎょうじ》の言っていることは何も耳に入ってこなかったし、周りも見えなかった。英二は、もう試合が終わって、負けたことが信じられなかった。信じたくなかった。ただ土俵から、早く出たかった。

ビデオを撮《と》っていたお父さんも驚《おどろ》いて、英二の所にかけ寄ってきた。英二は涙《なみだ》があふれてきて、両手で顔をおさえている。お父さんに背中《せなか》を押《お》してもらってやっと歩いてその場を去った。大介は何と声をかければよいか、言葉が見つからなかった。自分の試合に集中することにした。

「よし、英二君の分までがんばるぞ」

二回戦、大介はひょろっとした相手と対戦。投げとばし楽勝《らくしょう》した。

三回戦、今度の相手はがっしりした体格だ。大介は手のひらでポンポンと自分の顔をたたき、気合を入れて試合にのぞんだ。気合で勝ち進んだ。

いよいよ決勝戦になった。この試合に勝ったら優勝だ。自分でも気持ちが高ぶってきた

ことがわかった。

決勝戦は応援のみんなも興奮《こうふん》している。歓声《かんせい》がわき上がる中、土俵に上がった。相手はあの昨年優勝した健太。四年生なのに、六年生くらいに見える。大介は足を高くあげ、大きくシコをふんで見せた。

「はい、見合って。はっけよい」

バチッ。からだとからだが激《はげ》しくぶつかった。大介はすぐにまわしをとったが、土俵際《ぎわ》まで追いつめられた。さすが昨年の優勝者、今までの相手とは違《ちが》う。強い。

ズリッ。大介の足が俵にめりこんだ。大介は必死でふんばった。その時、お父さんの声が聞こえた。

「大介ー。がんばれー」

英二の声も聞こえた。大介は押し返した。二人は何度も攻防《こうぼう》を繰《く》り返した。大介は土俵際まで、押しこまれたが、最後の力をふりしぼって、体をひねり相手を投げた。うっちゃりの技で二人とも土俵の外に、倒れこんだ。二人は倒れたまま軍配の方を見た。

「ふんばれー。ねばれー」

軍配は大介に上がった。ガッツポーズをしてお父さんを見ると、お父さんは大きくうなずいた。

大介は健太に手を差し伸べて、起こした。

「大津の大介君。強いなあ」

健太はお礼がわりに、握り返した。

表彰式《ひょうしょうしき》で、大介は念願《ねんがん》のピカピカのメダルがついている、たてをもらった。記念写真も真ん中に立っての撮影《さつえい》だ。顔は恥《は》ずかしそうだが、誇《ほこ》らしげであった。そこへ、英二の家族がやってきた。

「おめでとう。大介君」

もう涙のあともない英二が、力強い握手で祝福してくれた。

「ぼく、一生《いっしょう》けんめいに練習したのに、あんな相撲しかできなくて、くやしいよ」

「英二君。残念だったね。でも、また練習して、強くなろうな」

「うん、今度会う時までには、もっともっと強くなっておくからね」

「来年またな」

「またな」

英二は今年のくやしさをバネにまた、がんばろうと思った。大介は来年も絶対《ぜったい》に優勝をするぞと、心に誓《ちか》った。

今年の大会は終わった。どの子も少し成長したようだ。

「からだも心も大きくなって、来年も金太郎相撲大会に集まって来いよ」

と、まちづくりセンターの金太郎の石像《せきぞう》が見守っていた。

初めてのスキー

近藤《こんどう》きく江《え》

二月初めの月曜日。

今日は、誠《まこと》の通う小学校の四年生が「葛川少年自然の家《かつらがわ》」へ一泊《ぱく》二日の校外学習に行く日です。

誠はいつもより早起きをして、白い息をはずませながら学校へと急ぎました。

学校に着くと、運動場に大きなバスが四台ならんでとまっていました。

（あのバスに乗って葛川に行くんだ）

そう思うと、誠の心はワクワクしてきました。

誠の住む大津《おおつ》の南では、あまり雪はふりません。ですから誠はたくさんふり積もった雪を見ること、そこでスキーをすることを楽しみにしていました。

午前九時。

誠たち四年生を乗せた四台のバスは「葛川少年自然の家」に向かって走りだしました。

一組の誠は一号車、大の仲よしの進《すすむ》君は四組なので四号車です。

バスの中は、みんなの笑顔とはずんだ声であふれていました。そんな中、誠がまどの外を見ながら、

「雪なんてふってないのに、スキーできるのかな」心配そうにつぶやくと、

「だいじょうぶ、葛川は標高三百五十メートルの所にあるから、いっぱい雪積もってる」

となりの席の健《けん》ちゃんが得意げにいいました。

すると、後ろの席で二人の話を聞いていたヨッコとユミちゃんの、はずんだ声が聞こえてきました。

「えー、どれくらい積もってるのかな。楽しみになってきた」

そんなみんなの期待を乗せ、バスは葛川をめざして走ります。山道を上り、最初のトンネル「花折トンネル」をぬけた時、

「わー、雪や！　雪！」

「すごい、すごい！　まっ白や」

バスがゆれるくらいの歓声《かんせい》があがりました。

バスのまどから見える景色は、山も木も畑も家も、もちろん道にも、どっしりと雪が積もっていました。

誠は、目を輝《かがや》かせ、（すごい、すごい）と心の中で何度もくり返しながら、

「よし、スキーするぞ」こぶしをふりあげました。

「誠君、スキーすべったことあるの？」

と、健ちゃんが、少しいじわるそうに聞きましたが、

「ないけどすべれる。自信あるもん」

誠は、力強く答えました。

バスはその後、トンネルを三つぬけると、二つ目の信号を左にまがり、「あけぼの橋」をわたり「葛川少年自然の家」に到着《とうちゃく》しました。

バスをおりた誠たちは、駐車場《ちゅうしゃじょう》から自然の家の玄関《げんかん》までつながる雪道を、長くつの底から伝わってくる雪の感触《かんしょく》を楽しみながら歩きました。そして玄関を入ると、

「こんにちは！　ぼくは中井《なかい》といいます。二日間楽しくやろうな、よろしく」

自然の家の中井先生が笑顔でむかえてくれました。その後、みんなでお弁当を食べ、いよいよ葛川での活動のスタートです。

四年生全員は、そり遊びをするグループと、スキーをするグループにわかれました。

「はい、スキーをする人は、ぼくと林先生についてきてください」

中井先生が、大きな声で、誠たちスキーをするグループを南玄関に案内してくれました。

「それでは、ここでくつをはいて、はけた人からストックとスキー板を持ってゲレンデに出てください」

中井先生の声が南玄関にひびきます。

（いよいよ始まるぞ）誠が、初めてはくスキーぐつのバックルをカチッととめていると、

「先生、はけたからゲレンデに出てすべっていい？」

「待って、始めは、ゲレンデに出てすぐの平らな所で、歩く練習をしてくださいね」

ヨッコと中井先生の話す声が聞こえてきました。

（あかん、ヨッコに負けてる）

誠もあわててくつをはいて、ストックとスキー板を持ちゲレンデに出ようとしましたが、スキーぐつは、とても歩きにくいうえに、スキー板が重くて、体のバランスをくずしてころんでしまいました。

「誠君、すべる前からころんではる」

背中《せなか》で声がしました。誠がふり向くと、ヨッコがお腹をかかえて笑っていました。

「うるさい、あっちいって！」

誠は、はずかしくて顔をまっ赤にしながらさけびました。

「誠君おこってはる、ごめん、ごめん」

ヨッコは、頭をペコンとさげあやまったあと、平らな所で歩く練習を始めました。ほかのみんなも歩く練習を始めています。

誠もスキー板をつけ歩く練習をしようと思い、立とうとするのですが立つことができません。立つとすぐにころんでしまいます。

（あー、どうして立てへんのかな。立てへんとすべれないのに）

（なんで、足が勝手に開いていくのかな？　ぜんぜん楽しくないわ）

やる気をなくした誠は、しりもちをついたまますわりこんでしまいました。

「わー、気持ちいい！」

「すごい、早い、もう一回すべろう！」

ゲレンデの左手の方から、そり遊びをしている進君や健ちゃんたちの楽しそうな声が聞こえてきます。

（そり遊びは楽しそうやなあ。いいなあ）

誠が、スキー板をはめた自分の足を見ながら思っていると、中井先生が、右手でガッツポーズをしながらやってきて、誠の手を取り立たせてくれました。

「誠君、がんばれ！　ほら、しっかり立って。いいか、手を放すよ」

と、中井先生が手をはなしたとたんに、誠の足は勝手にどんどん開いていきます。

誠は蚊《か》の鳴くような声で、「あー」と言いながら、ドスンとしりもちをついてしまいました。

「先生、もうあかん、無理、明日そり遊びするからもういい」

練習をやめると言う誠に、

「スキーを楽しみにして来たのとちがうのか。できるまでやろう」

と、中井先生が声をかけます。誠は先生の言葉にはげまされながら、何回も何回も立つ練習をしました。

ゲレンデのみんなを、やさしくつつんでいた陽ざしが西にかたむいたころ、ようやく立てるようになった誠は、無くしていたやる気を少し取りもどしましたが、明日もがんばろう、という気持ちにはなれませんでした。

「誠君、明日もがんばろうな、明日はきっとすべれるよ」

中井先生が、誠の頭をやさしくなでましたが、（スキーよりそり遊びのほうが、かんた

んで楽しいのに決まってる。明日はそり遊びや)と、考えた誠は、うつむいて返事をしませんでした。

東の空にのぼった太陽が、やさしく自然の家やゲレンデをつつんで、朝日を浴びたゲレンデは、「おはよう、みんな早くおいでよ」と、いっているようにキラキラとかがやいていました。

そのようすを食堂のまどガラスごしに見た誠が、きれいやなあと思いながら朝ごはんを食べていると、

「誠君、今日はスキーやめて、そり遊びにしたほうがいいよ。そり遊び楽しいよ」

となりの席でごはんを食べていた健ちゃんが言いました。

「そうやわ、誠君、昨日ころんでばかりで楽しくなさそうやったもん」

「そり遊びにしたほうがいいと思うわ」

前の席のヨッコやユミちゃんも口々に言います。

誠は、ほんとうは、今日はそり遊びをするつもりでしたが、みんなからころんでばかりと言われたことが、とてもくやしくて(ぜったい、すべれるようにがんばるぞ)と思い、

「ぼくは、今日もスキーをする」

大きな声で言いました。すると、それを聞いていた中井先生が言いました。

「誠君、もう立てるんだから、今日はすべれるよ、がんばれ」

午前九時、二日目の活動が始まりました。

誠は昨日と同じように、南玄関でスキーぐつをはいて、ゲレンデに出ました。ころぶかと不安でしたが、ふらつきましたが立てました。少し安心しましたが、今日の課題は歩くこととすべることとです。

まず、平らな所で歩く練習を始めました。誠は、ころんでも、ころんでも立ち上がり、

（ぜったい、すべれるようになってやる）

と、思いながら練習を続けました。そんな誠の耳には、昨日のようにそり遊びをしている人の歓声は、聞こえてきませんでした。そして、だいぶ歩けるようになった時、中井先生が声をかけてくれました。

「誠君、そろそろ上からすべってみようか」

「えー、まだ無理や、無理やって先生」

誠は首をはげしくふりました。

「だいじょうぶ、先生もいっしょにのぼってあげるから」

中井先生に背中をおされ、ゲレンデの端《はし》をゆっくりとのぼる誠は（こわいな、やっぱりやめとこうかな）と思いましたが、今朝のことを思い出して（すべるぞ！　だいじょうぶや）と、ストックを力強く斜面につきさし登りました。

「誠君、ゆっくりすべろう、こけてもだいじょうぶ」

中井先生がやさしく励《はげ》まします。

（さあ、すべるぞ、行け！）と、誠の心は自分の体に命令するのですが、体は重く、両手はストックを雪につきさしたまま、すべりだすことができません。

（やっぱりこわい、無理や）と、誠があきらめかけたとき、

「誠君、がんばれ、すべれる」

「雪はクッションや、こけても痛くない！　誠、すべれ」

ゲレンデの下から、大きく手をふり応援《おうえん》してくれるヨッコや健ちゃんたちの声が聞こえてきました。

誠は、みんなが応援してくれていると思うと、少し照れくさかったのですが、（よし、がんばるぞ）と、思いました。

「だいじょうぶ、ゆっくり行け、誠君」

中井先生が、そっと肩《かた》をおしました。

誠は大きく深呼吸《しんこきゅう》すると、ゆっくりとすべりだしました。

「いいぞ、うまい、もうすこしガンバレ」

中井先生の声が後ろから追いかけてきました。

誠は体で風を感じながらすべりました。最後、うまく止まれずに、ころんでしまいましたが、しっかりとすべることができました。

「ヤッター、すべれた」

誠は、ころんだまま歓声をあげました。

「誠君、がんばったね」

中井先生がかけよって拍手《はくしゅ》をしてくれました。そのそばで、ヨッコたちも拍手してくれていました。

誠は照れくさくて、急いで立ち上がり、ころんだ時に体についた雪をはらいながら、(今日もスキーして、よかったなあ。もっと、がんばるぞ)と、思いました。

朝日《あさひ》豊年太鼓《ほうねんたいこ》踊《おどり》

藤谷《ふじたに》礼子《れいこ》

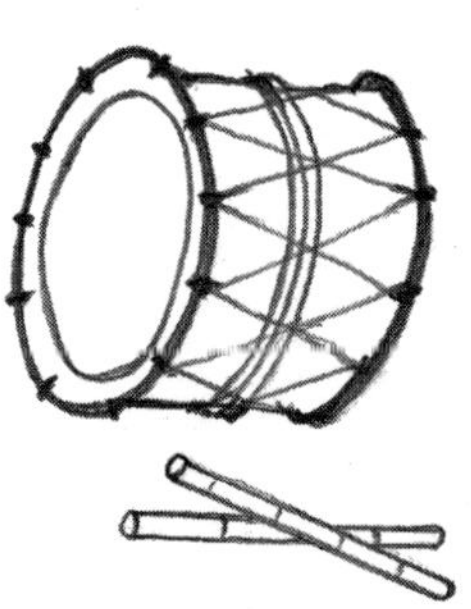

「健太、あしたの太鼓踊《たいこおどり》の練習、来るやろ?」

一学期の終業式の日、集団下校中に、六年生のみっくんが、健太《けんた》に声をかけた。

「うん」

健太は、大原小学校の四年生。

あすから始まる夏休みの間、二人が住む米原市朝日では、太鼓踊の練習が続く。千三百年以上続く歴史のあるこの地区には、地域《ちいき》の人たちによって守り受けつがれてきた「豊年《ほうねん》太鼓踊」がある。今も秋まつりには八幡《はちまん》神社でおどられ、おとなにまじって子どもも重要なにない手として参加している。

「でも、ひさしぶりやし、できるかなあ」

「幼稚園《ようちえん》の時からずーっとやってるんや。やったら思い出すって」

「練習は夕方六時から七時まで。朝日の会議所に集合やで」

みっくんはさらりと言ったが、健太はちょっぴり不安だった。


夏休み初日の夕方、今年初めての太鼓踊の練習が会議所で始まった。朝日区の小学一年生から六年生まで三十人ほどの子どもが、次々に集まってくる。練習は、太鼓踊保存《ほぞん》会のおじさんたちが数名で教えてくれる。

健太は、ひさしぶりの太鼓に少しきんちょうしていた。

子ども用の太鼓をお腹の前につけ、竹のバチを持ってじゅんび完了《かんりょう》。最初の「足そろえ」の曲を思い出してひとりでなんとなくたたいてみる。

ダーンタンコ　ダーンタンコ　ダーンタンコ　ヨーイソーリャー。

「こんなかんじやったかな?」

健太は、初めて練習に参加した時のことを思い出してみた。

はずかしそうにしていた一年生の健太に、保存会のおじさんが、てぎわよく子ども用の太鼓をつけてくれた。

初めて太鼓をつけてもらった健太は、うれしい反面、その重さにとまどった。

「うへーっ！　重いっ！」

大太鼓をたてにかかえたような感じで、子ども用とはいえ腰《こし》にずっしりくる。

おじさんは竹のバチを二本持ってきて、健太に持たせた。

「竹はこうやって持つんや。あんまりきつくにぎりしめると、太鼓はええ音がせん。それに早うくたびれる。たたいてみ」

トン　トン　トン　トン　トン　トン　トン。

「そうや。できるできる」

「ダーンタンコのダーンは、両方からダーン。タンコは右、左と打つんや。これを三回くりかえす。やってみ」

「ダーンタンコ　ダーンタンコ　ダーンタンコ。そうや、できたがな」

「あとは、ヨーイソーリャーのかけ声と同時に、竹を持ちあげてバンザイや」

健太は、うれしくなって何度もやっていたものだった。

「そうや、これでいいんや。初めての時もこんな感じやったな」

ダーンタンコ　ダーンタンコ　ダーンタンコ　ヨーイソーリャー。

保存会の理事長さんの合図で、みんなで太鼓を打つ。

太鼓を打つだけでなく、足の動きも合わせるのは、なかなかむずかしい。しかし、毎年やっていることなので、始まると健太のきんちょうもほぐれ、ひとりでに手足が動いていた。ぎこちない動きも、何回もくりかえしているうちに、みんなとそろってくる。

一時間ずっと、太鼓をつけたままの練習はきつかった。あせびっしょりでつかれたけれど、今年も太鼓をたたけることがうれしい健太だった。

夏休み練習も後半になってくると、練習にくる子も少なくなってきていた。スポーツ少年団・習い事、家族やしんせきとの行事などの理由で来られない子が多い。

健太も今日は、スポーツ少年団の試合があって、つかれていた。

「えらいなあ。行きたくないなあ」

「何を弱気なこと言うてるんや！」

いつもは仕事でいそがしいお父さんが、今日は、健太のスポーツ少年団の試合のために仕事を休んでいてくれた。

「お父さんらの時は、もっと長い時間練習もあったし、本日《ほんび》は二、三時間も太鼓つけてなあかんのやぞ。このくらいでえらい言うてたら、最後まで太鼓たたけへんぞ」

「今練習してる曲はとくに、足の動かし方とか、バチの動かし方とかむずかしいし、わからんもん。チッチキチッコー　チキチッコーいうとこやらうまいことできん。長いことあるし。できんし。めんどくさい」

健太は、しんどさもあって、ふくれっつらをしながらお父さんに口ごたえした。とたんに、お父さんのカツが入った。

「むずかしいで練習するんやろが。できんて言うて練習せんかったらいつまでたってもできん。お父さんもじいちゃんもそのまたじいちゃんも、みんながとぎれることなくずーっと練習して受けついできたさかいに、今の朝日の太鼓踊があるんやぞ」

「何で朝日だけ太鼓踊があるんや？　ほかの字《あざ》の子らはないのに」

「むかしは、大原小学区の全部の字にもあったんや。みんなで集まって、大原郷社《ごうしゃ》の岡《おか》神社でおどったそうや。お米がたくさんとれるために雨がふりますようにと雨ごいして、お米がいっぱいできたらありがとうって言う気持ちで太鼓踊をするんや」

「ふーん。ほかの字にもあったんか」

「うん。けど、だんだん受けついでやってく人がいなくなってきたんやて。朝日はみんなで守り受けついできたさかいに、国の無形民俗《みんぞく》文化財《ざい》で、日本遺産《いさん》第一号にも選ばれてる伝統芸能になったんや」

「国のたからものなんやな」

「そうや。形ある物ではないから、みんなで守って受けついでいかんかったらたからものでなくなる。健太が太鼓踊をすること自体が、たからものなんや」

「そうか。ぼくがしてることが、たからものってことか」

「そうや。健太もずっと受けついでいってくれよな」

健太は、長く守られてきたこのおどりを、ぼくらも続けていかなければいけないなと思い、しんどさをこらえて、今日も太鼓踊の練習に行った。

おとなとの合同練習では、夜九時半ごろまであった。真っ暗の中、ライトをつけて外での練習はふらふらになったが、がんばった。


十月、いよいよまつりの本日。

朝七時から八幡神社で秋祭りのおまいりがある。前日ふった雨も、太鼓踊が始まるお昼には秋晴れのいいお天気になった。

健太は、青いまつりハッピに、てぬぐいハチマキをキリリとしめて、太鼓をつけてもらった。気持ちがグッとひきしまった。

いつもはいそがしいお父さんも、きょうは正装《せいそう》しておどる。黒えりのじゅばん着物に、

しまもようのカルサンはかま、手にはうで・肩《かた》にかけて赤色のヒゴテ、背中《せなか》には金色のごへい、足には白たびにわらじ。頭には花でかざったつまおれがさをかぶり、太鼓をつけて準備完了。やっぱりおとなのいしょうはかっこいい。早くおとなのいしょうを着てみたい健太だ。

「お父さん、ぜんぜん練習してないのにできるんか？」

「お父さんが何回太鼓踊してきた思ってるんや。毎年、お多賀《たが》さんのお田植祭でもおどってるし、今年は民俗芸能大会で石川県でもやってきたし、ほかにもあちこちでおどってるんやぞ。小さい時からずっとやってるんや、体が覚えとるわな」

十二時五十分、会議所前広場で「足そろえ」が始まった。

ダーンタンコ　ダーンタンコ　ダーンタンコ　ヨーイソーリャー。

円になって回りながら太鼓を鳴らし、みんなの心を一つにしていく。

十三時を過ぎて会議所を出発。のぼり旗を先頭に、歌を歌う音頭とり、笛、かね、太鼓の順にならび、八幡さんをめざす。神社までの道は六百メートルほど。雨上がりいちだんと大きく見える伊吹山《いぶきやま》に見守られ、稲刈《いねか》りあとの田んぼの中の道を、太鼓の音を響《ひび》かせながら進んでいく。健太の頭の上をトンボがスイスイ飛んでいる。

鳥居をくぐると、五十六だんの石だんが待っていた。えんそうしながら、つまずきそうになる。やっと上りきると、神社の境内《けいだい》広場には、朝日の人はもちろん、見物の人たちがいっぱい。

かね、太鼓がいちだんと大きくなる。健太は、中を向いたり、外を向いたり、たいこのふちをたたいたり、バチを鳴らしたり、とんだりはねたり回ったりと、息も切らさず夢《む》中《ちゅう》で太鼓をならしながらおどった。

始まって一時間をすぎたころ、だんだん足が上がらなくなってきた。バチを持つ手もいたくなり、思わず落としそうになった。

「あかん。今がんばらな」

健太は、自分に言い聞かせ、太鼓を鳴らしながら、右ひざをついた。前にならぶおじさんと同じように、左足はななめ横にのばす。神前《しんぜん》からはきれいな二列の八の字になった。ここは、おどりの見せ場でもある。ひざは痛《いた》いし、バチさばきもむずかしい。健太は、となりのおじさんを横目で見ながら一生けんめいおどった。苦手なバチさばきが、今日はまちがえずにきれいに決まった。太鼓をたたきながら、健太は心の中でガッツポーズをした。

最後の歌が終わり、太鼓の音も鳴りやんだ。神前に向かってみんなで一礼。境内は、いっしゅんしずまりかえった。

次のしゅんかん、今まで鳴りひびいていた太鼓の音は、広場にいた全員の大きな拍手《はくしゅ》の音にかわった。

おおぜいの見物人の拍手のうずの中、健太はもみくちゃになりながら、お母さんをさがしていた。近所のおばさんたちも笑顔だ。

「よかったで。ようがんばったな」

肩《かた》をたたかれ、頭をなでられ、もみくちゃになった。やっと、お母さんのそばにおしやられた。

「健太、ようがんばったな。えらかったやろ。ほんまにじょうずやったで」

健太は、てれくさいのとうれしいのとで、あせふきタオルで思わず顔をおおった。

稲刈りあとの田んぼから、八幡さんの境内にふきあがるさわやかな風が、健太の髪《かみ》をすりぬけていった。

トンボが飛んでいくのを見つめながら、また来年もさ来年も、おとなになっても続けるぞと、心にちかう健太だった。

「おへそ　あるん?」

松《まつ》本《もと》由《ゆ》美《み》子《こ》

ここは、「かりん文庫」だ。

土曜日の午後、文庫を開いているのは杉江《すぎえ》さんだ。杉江さんは古いお寺を借りて、おじさんと、お腹《なか》の大きい三毛猫《みけねこ》のモモと住んでいる。

文庫では、地域《ちいき》の子どもたちが本を借りたり、本を通して、色《いろ》んな人や生きものたちと出会えるのだ。

小学四年生の、あかりと奈緒《なお》は、くつを脱《ぬ》いで縁側《えんがわ》から上がると、寝《ね》ているモモのお腹をそっとなでた。

あかりは今、『ズッコケ三人組』に、奈緒はお菓子《かし》作りの本にはまっている。

五年生の豊《ゆたか》と、五歳《さい》の弟、こうちゃんが本を返していると、杉江さんが声をかけた。

「豊君、頼《たの》まれていたツバメの観察図鑑《ずかん》、借りて来たよ。はい」

「ありがとう」

「どう？　ツバメの巣、大分出来た？」

「うん完成したみたい。今は、巣をかわかしているみたいだよ」

豊は、家の軒下《のきした》にツバメが巣作りを始めたので、観察を始めたところなのだ。


「おばちゃん、この本、読んでぇ」

こうちゃんが一冊《いっさつ》の絵本を持って来た。

「いいよぉ。『おへそのひみつ』……」

あかりも奈緒も、のぞき込《こ》んだ。二人は四年生になっても、こうして杉江さんに読んでもらうのが大好きだ。

杉江さんが読み始めた。

「あのね、お母さんのお腹には、子宮《しきゅう》っていう、水の入った袋《ふくろ》があるの。赤ちゃんはね、その中に浮《う》かんでいるのよ。子宮と赤ちゃんのおへそは、管《くだ》でつながってるの」

「そうなん？　ぼくも、お母さんとつながってたん？」

「そうよぉ。おへその管を通して、お母さんから栄養や酸素《さんそ》をもらって、赤ちゃんは大きくなるの。すごいねぇ」

「すごいねぇ」

「おへその管はね、赤ちゃんが生まれた時、切るのよ。もう自分でお乳を飲めるでしょう。かわいた管は、自然に取れるの。おへそは、その痕《あと》なのよ」

「痕なんや、ふぅーん」


ウィ〜ン、ウィ〜ン。


門の方から、電動の車イスが入って来た。

「あっ！　来てくれたんやねぇ」

「あぁ」

ひげの顔のおじさんが、左手を上げた。

「みんなぁ、おいでぇ。山田さんが来はったよぉ」

「山田さん？」

「この前、山田さんに会った時ねぇ、文庫に一度、遊びに来てって頼んでいたの」

あかりたちは、くつをはいて降《お》りて来た。

「こん、ちわぁ」

「こんにちは」

みんなは、山田さんの言葉を聞きのがすまいと、じっと聞き入った。

山田さんの足は細く、右手は動きにくそうだ。左手で、車イスのハンドルをにぎり、ゆっくり動かすと、みんなの方に向き直って言った。

「ぼく、や、ま、だ、いう、ねん……。おっちゃんで、ええわぁ」

「山田さんはね、大分前に、『ほっこり共働作業所』で、杉江のおじさんと、いっしょに働いていたのよ」

「『ほっこり』って?」

あかりが聞いた。

「あのね、障害《しょうがい》を持ってる人と持ってない人が、地域の中で、いっしょに働く所よ」

杉江さんが言うと、豊も、山田さんに聞いてみた。

「どこにあるんですか?」

「あぁ……。いまは、きぼうが、おかの、ちかくに、あるんや」

「実はね、この場所に、その『ほっこり』があったのよ。ねえ、山田さん」

杉江さんが言った。

「そう、なんやぁ。なつかしい、なぁ……」


「あのう、足、どうしたんですか?」

奈緒が聞いた。

「あぁ、あしなぁ。うまれた、ときから、わるいん、やぁ」

杉江さんのそばで聞いていた、こうちゃんが言った。

「今なぁ、おへその絵本、読んでもらっていたんだよ」

「おへそ、の、え?」

「うん、これ」

「……」

すると、こうちゃんは、杉江さんを見上げて聞いたのだ。

「おっちゃん、おへそ、あるん?」

「当たり前やんか! そんなこと聞いたらあかん」

豊が言った。

「豊君。こうちゃん小さいんやから、そんなに怒《おこ》らんとぉき」

あかりが言うと、杉江さんはしゃがんで、こうちゃんに聞いた。

「こうちゃん、おっちゃんに聞いてみる?」

「ううん……」

こうちゃんは、絵本を抱《だ》きしめて首を振《ふ》り、杉江さんにピッタリくっついた。

「そう」

すると、山田さんがこうちゃんに聞いた。

「どう、したんや?　なんか、ききたいん、か?」

山田さんは、こうちゃんを、まっすぐ見つめた。

「聞いてみる?」

杉江さんが言うと、こうちゃんは恥《は》ずかしそうに聞いたのだ。

「おへそ、あるん?」

山田さんは、生まれて初めて出会ったような言葉に、顔をほころばせて、こうちゃんを見つめて言った。

「うん。ある、よぉ」

「……」

こうちゃんは嬉《うれ》しそうに、おへそを、そっと押さえた。

山田さんは、右肘《ひじ》をついて、左手を上げ、指先を動かし、こうちゃんに手まねきした。

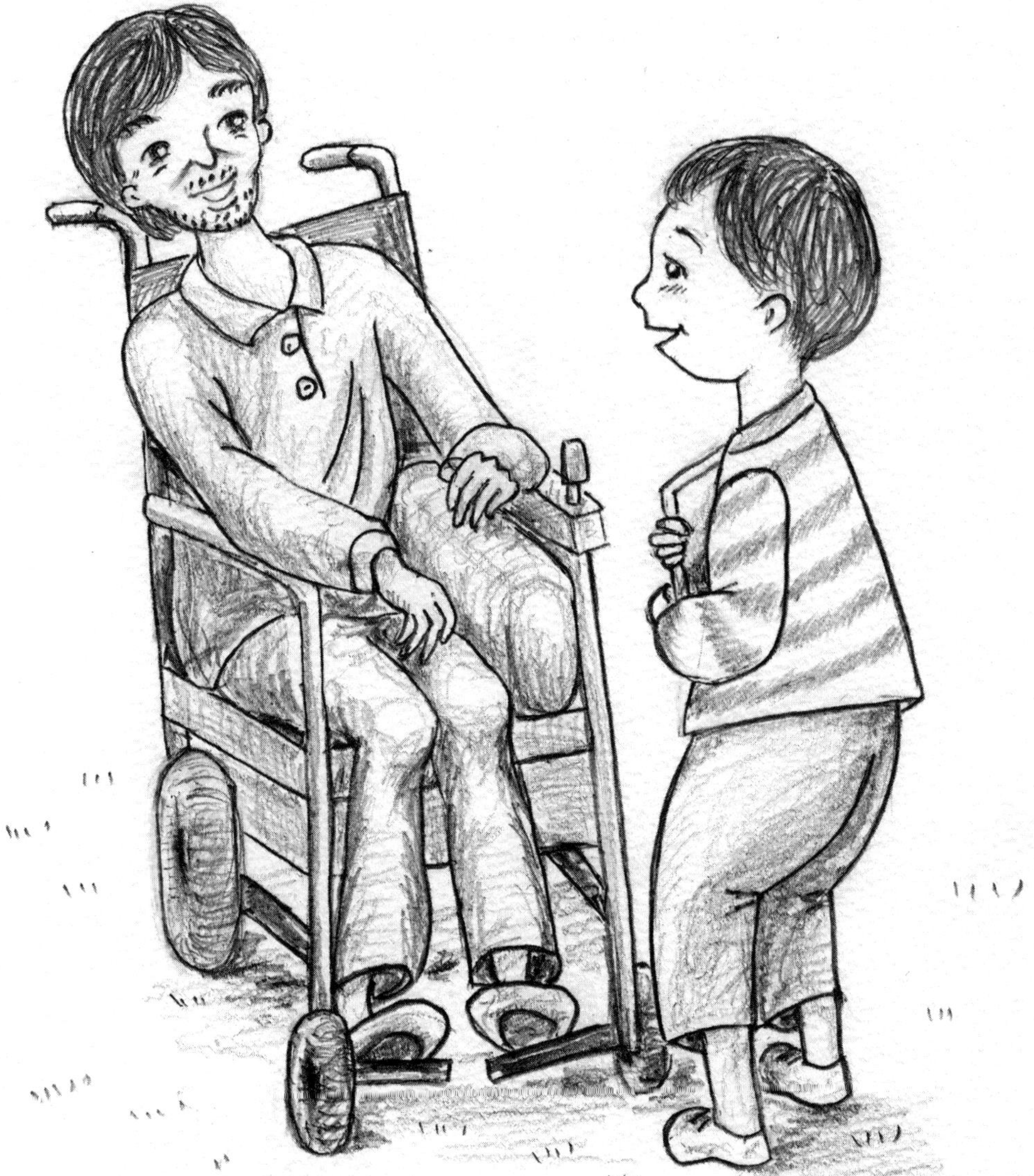

「おへそ、み、る、かぁ？」

「うん」

山田さんは、豊に手伝ってもらってシャツをめくると、こうちゃんに、おへそを見せてくれたのだ。

「いっしょやぁ」

こうちゃんも、おへそを山田さんに見せた。

「そうやぁ、いっしょや、でぇ」

「良かったねぇ、こうちゃん」

「うん」

山田さんが言った。

「あんなぁ、こうちゃん。おへそ、だいじなんや、でぇ。いじったり、しんとき、やぁ」

「うん」

「それに、なぁ、こうちゃん。きいて、くれて、うれし、かった、よぉ」

「うれしい？」

「あぁ……。たいていの、ひとは、なぁ……。ぼくに、きかんと、くるまイスを、おしてる、ひとに、きくん、や」

「おっちゃんに、聞かんと?」

あかりが聞いた。

「そうやぁ。なんでや!　って、おもう、よぉ」

「聞くと悪いんかなと、思ってました。ぼく」

豊が言った。

「わからん、かったら、ぼくに、きいて、ほしいん、やぁ」

あかりは、山田さんの気持ちが、少し分かる気がした。


あかりは、寝ていた猫のモモを、そぉっと抱っこすると、山田さんに見せた。

「もうすぐ、モモちゃんに赤ちゃんが生まれるんよ」

「そうかぁ。たの、しみ、やなぁ」

山田さんはそう言うと、車イスのスイッチを入れた。

「もう帰るの?」

あかりは、もっと話したそうだ。

「あぁ、かえる、わぁ」

「また、遊びに来てや」

豊が言うと、こうちゃんも言った。

「きっとやで」

「うん。くる、よぉ。こねこ、みにくる、よぉ」

みんなは山田さんと、ゆっくり門のところまで行くと、山田さんを見送った。

「またねぇ」

「あぁ」

春風が、やさしくみんなを包んでいた。

ゆうれいビルが守った森

古田紀子《ふるたのりこ》

地面のかれ草の間から、あわい黄緑色の、ふっくらとしたフキノトウが、顔を出している。スナオは、食べられる野草《やそう》を見つけては、こしに下げた竹カゴに、入れてゆく。

三月初めの空はすがすがしく、太陽の日差しは、やわらかい。

植村スナオは小学四年生。その名の通り、まっすぐな男の子。夢中《むちゅう》になると、まわりが見えなくなり、電柱にぶつかったりする。

二つ年下の妹ユキと、大津《おおつ》市木《こ》の岡《おか》町にある木の岡ビオトープの自然観察会にやってきた。

「これ何かな」

ユキの手のひらで、丸い茶色の小さな物体が転がった。固そうな表面は、シワシワだ。

「それはオニグルミや。この森にたくさん生えている、木の実なんや」

そばにいた先生が、教えてくれた。カラがゴツゴツしていることから、この名前がついたんだとか。

「へぇ、オニグルミか。どんな味なんやろ」

「お兄ちゃん、食べることばっかりやな。そや、オニグルミでクッキー作らへん?」

「それ、ええな、ほな、ぎょうさん集めるで」

そうと決まったら一直線。スナオの目にはもうオニグルミの実しかうつらない。

落葉《おちば》や低木、草花のあいだに、するどい視線《しせん》をさまよわせる。

「あった。ここにも……」

拾ったオニグルミは、竹カゴへ入れてゆく。ゴンッ。

頭上でにぶい音がして、つんのめった。いたい。太い幹《みき》に、気付かなかったのだ。

顔を上げると、まんまるのひとみのリスが、むねの前でオニグルミをかかえている。

リスは、クルリと体の向きを変えると、大きな木と、地面のすきまに、飛びこんだ。

「あっ」木の根元には、おいてけぼりをくったオニグルミが、コロンと転がった。

ユキも先生も、他の参加者たちも、見えない。森にせいそくする生き物たちも、みんな息をひそめているかのようだ。

「オイ……」スナオは、リスが落としたオニグルミを拾って、空にかざしてみた。なんていうことのない、ただのオニグルミだ。

リスが消えた所には、ぽっかりと、あながある。どれくらい深いのかと、のぞきこんだ。そのとたん、後ろからおされたような、頭から引っぱられたような感じがして、体のバランスがくずれて前方にたおれた。


なんだか体がふわふわ。さっきまでの固い、たしかな地面は、心もとなくゆれている。

「ええっ、何や、どうなったんや。う、ういている?」

どうやら、空間にうかぶ乗り物に、乗っているようだ。おそるおそる、辺りを見ると、虹《にじ》色の光が、グルグルうずまいて、目が回りそう。

「時間旅行へ、ようこそ」

声のした方向は、まぶしくて、わかるのは黒いかげのみ。かげからつき出した、うでらしきものが、たくみにハンドルをそうさしている。

「時間旅行……なんや、それ」

光を、手でさえぎろうとしたら、かげは、クルリとこちらを向いた。

さっきのリスだ。森の中にいたはずが、虹色のうずの中にいて、リスが話しかけてくる。

「時間を、行き来できるんや。あんたが乗りたいて、キップ、持ってきたんやろ」

リスは、かたわらの大きな物体を、あごでしゃくった。シワのついた木の実。どうやら時間旅行のキップとは、オニグルミのことのよう。

「どこでも、行けるん？」

こわさより、こうき心の方がまさった。

「行けるのは、昔だけや。未来旅行は、法律《ほうりつ》で、禁止《きんし》されてるねん」

「そうなんか。ぼくは、今、十歳《さい》やから、うんと昔の、百年前に行ってみたいな」

「まかしとき、ほな、行くで」

リスが言うと同時に、乗り物はフワリと動いて、まばゆい光の中へすいこまれた。

ピロロロリン。電子音がなった。どうやら、百年前の世界に着いたらしい。

「なんや、びわ湖やん」

スナオの前には、いつものびわ湖が、おだやかな湖面をゆらしている。岸にそって、木がしげっているところは、先ほどいた森だろう。入口付近には、水田が広がっている。

「もっと、おどろいてや。場所は、同じやねん。動けるのは、時間だけ。ま、見ての通り、ここらへんは、百年前も森やっててん」

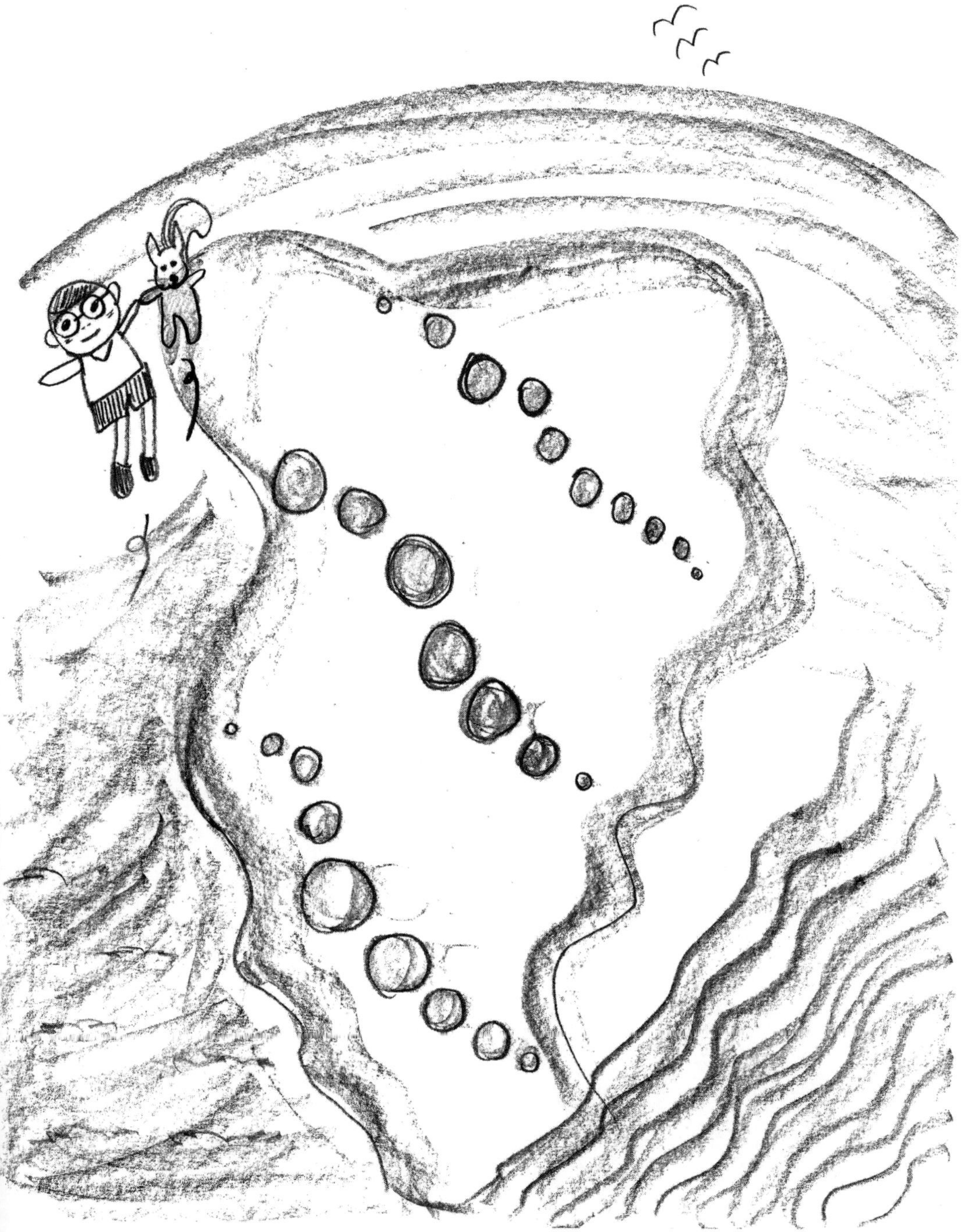

「なんやそれ。もっと、今とちがうものが、見たい」

スナオは、がっかりしていた。せっかくやし、恐竜《きょうりゅう》とか、異星人《い》とか、そういうものを期待してしまう。すると、頭にうかんだことが、つつぬけなのか、リスが言った。

「わかった、ほな、ゆうれいはどうや。待ってろ。見せたるわ」


ピロロロリン。「一九六八年。約五十年前の世界」

カンカンカン、鉄を打つ音が、ひびきわたっている。

「あれ、ここ、森の入口の、草原やったところや。なんや工事中か」

「このころの日本は、産業がどんどん成長していて、各地で新しくて、大きな建物が建てられたんや。森の入口には、水田があったんやけど、ここに、リゾートホテルの建せつが始まったんや。大阪《おおさか》万博の二年前のことや」

とリスが説明した。

びわ湖の湖面が広がる先には、ひらの山々が連なり、フロアでは、グランドピアノの生演奏《えんそう》が行われている。天じょうまでとどくガラスから、光が差し込んでいる。スナオは、ソファにこしかけて、ケーキを食べるところを想像《そうぞう》してみた。

「このホテル、完成したとこ見たいな」

乗り物はフワリと動いて、ふたたび光にすいこまれた。

ピロロロリン。「一九八七年。約三十年前」

視界が開けると、何かおかしい。そう、ホテルの建物らしきものはあるが、人の気配がない。あれ果てて、どんよりと暗い。柱は作りかけ、屋根のないコンクリートのかべが、しき地を囲み、地面には、ざっ草が生いしげっている。

「なあ、昨日のテレビ、しんれいスポット特集、見た？」

スナオとリスのそばを、中学生らしき二人連れが、通りすぎるあいだ、会話が聞こえた。

「ああ、見た、見た。木の岡のゆうれいビル、出てたな」

「そやな。なんか変な顔が、レポーターの後ろに写っとったやん」

ゆうれいを、見たことがないスナオは、リスにたずねた。

「ゆうれい、このビルに出るん？」

「景気が悪くなって、ホテルの工事が中断《ちゅうだん》されて、二十年間、野ざらしにされてるんや。ゆうれいが出るって、もっぱらのうわさ。でもな、もうすぐこわされるねん」

「え、こわされるん？　まだ、完成してないのに？」

「説明するより、見た方が早いわ」とリスは言って、乗り物がフワリとゆれた。

ピロロロリン。「一九九二年五月二十二日。およそ二十五年前」

まだ、上りきらない太陽の光が、ふきぬける風に、きらきらと湖面をゆらしている。

「なんや、あれ。人がぞろぞろ、おしよせてくるで」

びわ湖をながめていたスナオは、さけんだ。人のむれが、コチラに向かってくる。

「世紀のいっしゅんを、ひとめ見ようと、朝から人が集まってんのや」

「なんで？」

「今日はな、このゆうれいビルが、ばくはされる日やねん。あぶないから、取りこわすことになったんや。一日を早送りで見るで」

朝、十時、国道一六一号線は車でこんでいる。人々は家の雨戸をしめ、自動車にブルーシートをかぶせている。正午には、テレビや新聞などの記者も集まり、水上には二百以上の船、上空にはヘリコプター、マンションや家のベランダ、路上には見物人の顔、顔、顔。

国内初の、市街地でのビルばくはとあって、日本中がテレビの生中継《ちゅうけい》にくぎづけだ。警察《けいさつ》の発表では、つめかけた人の数は、約二万五千人。動員された警備《けいび》員は、約五百人。

「十、九、八、七……」、十秒前のカウントダウンが、始まった。

ドーン。地ひびきがして、地面がゆれた。大きなビルの側面に、きれつが入り、ゆっくりとびわ湖側へくだけ折れ、土けむりが、もうもうとまい上がった。

わずか十七秒の出来事だった。

「なんや、これだけか」

「もっと、ぺしゃんこになると思ったのに」

世紀のばくはのしゅん間に、物足りなさを感じたのか、人々は、なかなか帰ろうとしない。げん場には、いつまでも、土けむりが立ちこめていた。


「ボクな、ゆうれいビルの、うらの森で産まれたんや。人間は、こわがって、だれも森に近づかんかった」

リスが、ぽつり、ぽつりと、話し始めた。

「ゆうれいビルのうらの森？　森は、どうなったん？」

「自然の生き物が、そのまま残って、森が育っていったんや。オニグルミは、山あいの川ぞいや、岸辺に生える樹木《じゅもく》や。どれも、りっぱな木に育ってるやろ。二十メートルはあるかな。あれだけ大きくなろうと思ったら、なん十年もかかる。ほかにも、夏には、水辺でトチカガミが白い花をさかせるし、秋には、コムラサキがムラサキ色の果実をつける。これらは、ぜつめつが心配されている植物や。ここは、水辺特有の植物が、たくさん生息する、めずらしい森やねん」

「ゆうれいビルが、森を守ってたんか」

スナオは、オニグルミを、手の中で、ぎゅっとにぎった。


ピロロロリン。「二〇一七年」

「げんざい、この森には、約三百四十種類の植物と、約四百十種類のこん虫、約六十種類の鳥類はじめ、魚類、ほにゅう類など、たくさんの生物が生息しています」

自然観察会の先生の声がする。

「お兄ちゃん、起きて」

ユキが、わきばらをつついた。

スナオは、はっとした。となりには、ユキがいる。

池では、水草をわってカモが泳ぎ、木々の葉っぱの重なりから、光がこぼれ、風は、草花や、土のかおりを運んでくる。

草木のかげには、こん虫や小動物の気配がする。遠くの方で、鳥の鳴き声がした。

ハッタミミズを知ってるかい？

今《いま》関《ぜき》信《のぶ》子《こ》

「ハッタミミズ探検隊《たんけんたい》、出発しまーす」

富士《ふじ》先生のあいずで、草津《くさつ》市《し》立《りつ》笠縫《かさぬい》東《ひがし》小学校の四年生は、学校のそばの休耕田《きゅうこうでん》へむかった。軍手をはめた手に、小手シャベルを持っている。

学校サポーターのおっちゃんたちが、大きなスコップを持ってついてきた。土を掘《ほ》り返してくれるのだ。

真《まこと》は、わくわくしていた。

「ぼく、ぜったいハッタミミズ、つかまえるでえ」

明《あきら》も、はりきっていた。

「ぼくが、いちばん長いやつ、つかまえたる」

真と明は、競争のように早足になった。

琵琶湖《びわこ》博物館の大山さんが、あぜみちでみんなを待っていた。大山さんは、ハッタミミズの研究をしている。

ハッタミミズは、石川県の八田《はった》村で見つかった。それで、ハッタミミズという名前になった。日本では、石川、福井《ふくい》、滋賀《しが》の三県だけで見つかっているミミズで、まだわからないことだらけだ。特徴《とくちょう》は、体長が長いことだ。

「ストップ。これが、ハッタミミズのフンだよ。ミミズを見つける手がかりになるよ」

大山さんが、直径五センチくらい、高さ二、三センチの小山を、指さした。二ミリほどの土ダンゴがつみかさなっている。

（ウンコのかたまりだな）

真は、よく見た。明も、となりでよく見ている。

サポーターのおっちゃんが、田んぼのそばの土を掘《ほ》り返した。土のかたまりがうらがえった。いすのクッションくらいの大きさだ。

真は、かたまりに手をのばした。明が飛びついてきた。ひっぱりあったら、かたまりが半分に割《わ》れた。

真のかたまりのはじっこから、ひものようなものが出て、明のかたまりとつながっている。真は、ひものようなものを、つまんでひっぱった。

「強くひっぱるな。ちぎれるで」

軍手をはめているので、力のかげんがわからない。

「ちぎれたら死んでしまうで。ゆっくりいけ」

真はぞっとして、指から力がぬけた。

「ぼくがやるわ。手をのけて」

明が土をちぎった。続けて、いくつもちぎりとった。真のかたまりも、ちぎられてどんどん小さくなって、ミミズは、明の手の中に落ちた。土がついているからか、黒く見えた。三十センチはありそうだ。

大山さんが、明の手からミミズをつまんで、説明した。

「黒く見えるだろ。ほんとうはむらさき、それも赤むらさきをしている。お百姓《ひゃくしょう》さんから、きらわれてるんだ。あぜに穴《あな》を掘るので、田んぼの水がぬけるからだよ。水がなくなると、大事ないねが枯《か》れるからさ」

大山さんにつままれているミミズが、のびた。ズズーッ、ズズーッと長くなっていく。

「キャーッ、気持ち悪い」

「恐《こわ》いよお」

だきあう子、後ずさりする子、見たくて乗り出してくる子で、真のまわりは、おしくらまんじゅうになった。

お知らせ係みたいな子が、あちこち走り回って、大きな声で伝えにくる。

「あっちのは、五十センチだな。もっと長いの見つけたやつおらんか、ぼく、もっと調べてくるわ」

サポーターのおっちゃんは、ひっぱりだこだ。たのまれるまま、次から次から、掘りかえしてくれる。真は、とびきり大きな声でたのんだ。

「おっちゃーん、ここ、おねがい」

おっちゃんが、真の足元の土を、掘り返してくれた。

真は土に飛びついていた。四つ、八つと割《わ》っていく。おにぎりくらい小さく割った。でも、ミミズは出てこなかった。

明は、二匹《ひき》目を見つけたらしい。大喜びしている声が、聞こえてきた。

真は、チェッと舌《した》打ちをした。

つかまえたミミズは、土を入れた水そうに入れることになっている。

「きのうの雨のせいかな。きょうは、よくとれるわねえ」

富士先生が、水そうをのぞきこんでいる。このミミズたちの中から、ハッタミミズダービーの選手が、選ばれるかもしれない。

ハッタミミズダービーというのは、ハッタミミズの長さ比《くら》べだ。ハッタミミズを研究する大山さんが始めた。

ダービーに参加するミミズは、どこで見つけたか、場所をはっきり書くのが決まりだ。それで、もし、新しい場所からの参加とわかれば、そこもハッタミミズが生きているとわかる。つまり、たくさんの人の力で、ハッタミミズの生きている場所を、調べようというわけだ。


三年前、石川県のハッタミミズを守る会から、ちょうせんじょうが来た。

『勝負、勝負、こっちが本家《ほんけ》だから、ぜったい勝つ。でも、もし負けたら、元気米《まい》を送ります』

大山さんは、受けてたった。

『滋賀県では、まだ、姿《すがた》をかくしているハッタミミズがいるかも知れないよ。もし負けたら、ゆりかご水田米《すいでんまい》を送ります』

このダービーには、滋賀県からは、長浜市《ながはまし》や東近江市《ひがしおうみし》で見つかったハッタミミズが、出場した。九十二センチが最長だ。石川県からエントリーしたハッタミミズは、七十五センチだったから、滋賀県が勝った。

何日かして、石川県のハッタミミズを守る会から、元気米が送られてきた。

去年、笠縫東小学校の四年生が、かんきょう学習をしているとき、ハッタミミズを見つけた。それで、草津市にも、ハッタミミズがいるとわかって、新聞やテレビにとりあげられた。

こんど、ダービーがあるとき、笠縫東小学校で飼育《しいく》する、ハッタミミズの中から、いちばん長いのを選んで、参加することになる。

「みんな、しっかり探《さが》してね」

富士先生が、みんなをはげました。

由美は、みんなが探した後の、土のかたまりを、もう一度見てまわった。小さくなったかたまりを、半分に割ってみた。やっぱりいない。

でも、十センチほどの、小さいミミズを見つけた。黒く見えた。

(ハッタミミズ？　ちがうよね)

みんながつかまえているミミズは、ひざから地面に、着くくらいのびている。

「何だろう、このミミズ？」

由美がつぶやいたとき、通りかかった大山さんが言った。

「ハッタミミズの赤ちゃんかも知れないよ。飼《か》ってみて。何かわかったら、教えてね」

ハッタミミズを、飼育《しいく》している人は、少ない。だから、飼育された赤ちゃんミミズが、どのように育つのか、知りたくて、飼育係に期待しているのだ。

「また、みっけ。ぼくって、名人かもね」

三匹目を見つけたと、明が大きな声をあげた。真は、まだ見つけられない。

つまらなくなって、真はかわいた土の方へ行った。真は、枯れ草の小さな山ができていた。サポーターのおっちゃんたちが、四年生のこの活動が、しやすいように、育ちすぎた草を、かっておいてくれたのだ。

かわいた草は、いい匂《にお》いがした。

真は、枯れ草の山をつっついた。

「おっ、何だ?」

何かがせわしく動いている。真がよく見ると、オケラだった。

真がひっこぬいた草のおかげで、ひっくりかえってしまったらしい。なかなか元にもどれない。オケラは必死で、動かせるものみんな動かして、元にもどろうとしている。

「おまえ、がんばるなあ」

真が感心していたら、森先生が言った。

「生きてるんやもん、一生けんめいなのよ」
「ハッタミミズだって、せまくなった田んぼで、がんばってるのよねえ」
富士先生が、すぐそばにたった新しい家を見た。去年、休耕田だったところが、今年は、人がくらす場所になっている。ハッタミミズのくらす休耕田は、来年も休耕田だろうか。
だれかが歌い出した。
♪ミミズだーって、オケラだって、
アメンボだーって、
みんなみんな生きているんだ
友だちなんだあ
真も歌った。
♪カエルだって、オケラだって
ぼくたちだって、
みんなみんな生きているんだ
友だちなんだあ
休耕田に、探検隊の声が、ひびきわたった。
♪みんなみんな、生きているんだ

友だちなんだあ

ハッタミミズ探検隊のまとめの会で、大山さんが言った。

「水そうの中に、ちぎれたミミズも入れましたね。あのミミズは、失った体を作って、これからも生きていきますよ。

飼育されたハッタミミズは、どれくらい長生きするかな。長生きするとどうなるのだろう。まだまだ分からないことばかりです。よく世話をしてあげてくださいね」

（へーえ。ハッタミミズ、ちぎれてもだいじょうぶなのか。知らなかったよ）

明は、大山さんの話をしっかり聞いている。

ハッタミミズ飼育係は、毎日、土のしめりぐあいを調べている。ときどき、休耕田から土をもらってきて、入れかえるのをわすれない。食べ物がたりなくならないように、心を配っているのだ。

そして、かんさつ記録をつける。このかんさつ記録は、大山さんがきたいしている、日本で初めてのハッタミミズの飼育記録になる。

『にじいろ宝箱』を読んでくれたみなさん、おうちのみなさんへ

十六のお話がつまった「にじいろ宝箱」を、あなたにおくりました。あなたの心に残ったお話は、ありましたか。やってみたい、みてみたいと思ったことは、ありましたか。仲良しになれそうな子は、みつかりましたか。

十六のお話には、学校がたくさん出てきました。甲賀市信楽町の多羅尾小学校は、一年生から六年生まであわせて、七人の子どもたちが、学校生活を送っています。この学校は、**「たらんぼ　タラッタ　オペレッタ」**（岸栄吾）のお話になりました。多羅尾小学校のオペレッタは、学校だけでなく地域の人も楽しみにしています。台本を書くのも、大道具を作るのも、もちろん演じるのも、全校生徒が力を合わせてやらなければなりません。夏休みにも、練習をして秋の本番に備えます。大津から引っ越したたけしくんは、びっくりしたでしょうね。

大津市の東南にある瀬田北小学校には、全校生徒千人が学んでいます。**「北リンピックでガチンコ勝負」**（草香恭子）のお話になった小学校です。お昼休み、なわとびの練習が始まると、校庭がせまくみえます。だから、中庭も使います。みんなは、ぶつからないように工夫しています。最近は、大なわとびやクラス対抗などの種目ができました。去年から、回の部（鉄棒）、投の部（ボール投げ）ができて、名前が「北リンピック運動大会」となりました。

草津市の笠縫東小学校は、六百人くらいです。瀬田北小学校のように人数の多い小学校と、多羅尾小学校のように少人数の小学校の、中間くらいの人数ですね。おうちの方が子どもだったころ、学校のまわりには、たんぼや畑がたくさんあったにちがいありません。葉山川が改修されたり、大きな道路がとおったり、環境がどんどん変わっている学校に生まれたお話は、**「ハッタミミズを知っているかい？」**（今関信子）になりました。

「初めてのスキー」（近藤きく江）は、大津市の小学生の体験学習から、生まれた作品です。みなさんは、毎日、どんなことをして遊んでいますか。ゲームをしたり本を読んだり、おうちの中ですごす時間が、長くありませんか。大津市の子どもたちは、四年生になると、いつもとちがった環境の中で、一泊二日の体験学習をします。自然の美しさに気づいたり、自然の中で遊ぶ楽しさをおぼえたりすることは、心と体が大きく育つためにとても大切です。夏に体験学習をした子たちからは、どんなお話が生まれるのでしょうね。

「ゆうきのマラソン大会」（平松成美）が行われた学校は、みずうみ小学校ですが、実名ではありません。どこの小学校にもありそうなエピソードから、ゆうきくんの気持ちを読んでほしいと、作者は思ったのでしょう。お話を書くにあたって、作者は、大学生になっているゆうきくんを取材しました。初めて負けた経験をよくおぼえていました。心が激しく動いたからにちがいありません。マラソン大会が行われたのは、マキノ町です。

この本を読んでくれるみなさんは、三年生？　四年生？　それとも、五年か六年？　自分でこのお話が読めるみなさんは、きっと幼稚園児じゃないでしょう。

「みんなで賤ヶ岳に登ったよ」（阿部幸美）のお話に出てくる子どもたちは、幼稚園の年中組、つまりあと一年たたないと、小学生になれません。みなさんは、小さいときのことをおぼえていますか。強い印象をもった出来事は、大きくなってもきのうのことのように思い出します。「ゆうきのマラソン大会」のゆうきくんは、九才のときのことを大学生になってもおぼえていました。心に強く残る出来事は、心の宝になるのです。あなたは、あかちゃんのときのことや六才のこと、一年生になったときのことをおぼえていますか。

二〇一七年のいま、滋賀県には、小学校が二百二十二校あります。北にも、南にも、西にも、東にも、おとなりの県の近くにも、びわ湖にうかぶ島にも、どこに住んでいる子どもも、小学校にかよえます。そこで、いろいろな経験をして、心も体も育てているのですね。

お話を読んでいると、みなさんにとって学校は、おうちの生活と並んで、とてもだいじなものだと、あらためて思わせられました。だからこそ、それぞれの学校が、とくべつに取り組んでいることがあるのですね。

市町村ごとに、特色をもった活動が行われているのも、学校生活が楽しく充実したものになるようにと、工夫しているためでしょう。

滋賀県には、八万二千人以上の小学生がいます。

どの子もみんな、よい時間をすごせるといいですね。


地域の人たちと活動して、すてきな経験をしたお話がありました。

地面の下に、お話の素があった作品が二つありました。

「古代ゾウ見つけるゾウ」（二円重紀）と、「まみの土器づくり」です。

多賀町では、百八十万年前の古琵琶湖層から、アケボノゾウの全身骨格化石が発見されました。あれから二十年を記念して、多賀町では、専門家も市民も、観光目的の人も、発掘をしています。作者も、発掘に参加しました。ある時、黒い土がきらりと光りました。ていねいに掘り出すと、米粒くらいの三角形をした「魚の咽頭歯化石」

でした。「化石の方からサインを送って来たように思えた」感動も、お話のそこにこめました。

「まみの土器づくり」（林田博恵）は、守山市の下之郷遺跡で募集する「ゴーキッズ」の体験活動に参加した、まみのお話です。ゴーキッズの活動は、発掘をするわけではなく、土の中にうまっている弥生時代の人たちを想像したり、再現したりします。電気がなかった時代には、お月様がどれほどあかるかったでしょう。まみたちは、何でも手作りするこの人たちのように、食器を手作りしました。まみのモデルになった女の子は、「買えば何でもそろう今の生活とちがった、楽しさがあると感じたよ」と、感想をのべていました。

国の特別天然記念物に指定されているオオサンショウウオが、二〇〇二年に、長浜市木之本町古橋を流れる大谷川で、見つかりました。地域の人たちは、守る会を作って保護活動をしています。高時小学校の子どもたちは、恵まれた自然環境を学びますが、それを発表して、たくさんの人に伝えることもしています。その活動が**「オオサンショウウオが棲む里で」**（村田はるみ）というタイトルのお話になりました。オオサンショウウオが見つかったので、大谷川上流に計画されていた砂防ダムの建設が見直されました。

大津市にゆうれいビルがあったのを知っていますか。おうちの方に聞いてごらんなさい。おじいさんかおばあさんなら、知っている人がいるかも知れません。このビルは、ホテルになるはずでしたが、骨組みのままほっておかれて、いつからかゆうれいビルと呼ばれるようになり、日本で初めて爆破されました。怪談の好きな子なら、それからどうした？　と質問したくなるでしょう。**「ゆうれいビルが守った森」**（古田紀子）は、想像力をはたらかせて楽しむお話になりました。地域で「オニグルミの学校」の活動が、行われています。この作品を読んで、人間と自然がどのように調和していけるか、考えた子はいませんか。いつか子どもも大人も、考えをめぐらし知恵をしぼって、話し合えたらいいですね。

伝統行事に参加する子どもたちを描いた作品も、二作ありました。**「長浜曳山まつり『シャギリ』」**（西堀たみ子）に描かれた長浜曳山まつりは、二〇一七年にユネスコ無形文化財に登録されました。ユネスコは、「世界の平和をつくりあげよう」との願いから、町衆と呼ばれる人々が心を一つにして、まもってきたこの祭りを、世界の宝に選んだのです。長浜に十三基ある曳山は、動く美術館と言われます。職人の技を集めた美術品で、できあがっているからです。その舞台で、子どもたちが歌舞伎を演じます。スポットを浴びるのは、舞台に立つ子どもでしょうが、この作品には、祭りをもりあげる囃子方の子どもが描かれています。

もう一つの地域の伝統行事に参加する子どもを描いたのは、**「朝日豊年太鼓踊」**（藤谷礼子）です。この作品からは、湖北の歴史を学ぶことができます。この地域の川は細いため、夏場に水不足になりました。太鼓踊は、雨乞いのお祭りです。それが、いつのまにか「雨をくださってありがとう。ことしも豊作です」と、感謝のお祭りに変化しました。最近、太鼓踊をする地域がへりましたが、朝日地区では、百人をこえる人たちが、音楽を奏でたり、踊ったりして、収穫感謝のお祭りを続けています。

みなさんは、昔話の「金太郎」を知っていますか。おばあさんなら、金太郎の歌を知っているかも知れませんよ。西黒田（長浜市）に伝えられる金太郎は、坂田の金時という強くて立派なおさむらいさんです。金太郎は、日本の人たちには英雄なのです。あこがれの人とゆかりがあるこの地域の人たちは、一九九九年から地域の行事として、**「金太郎相撲大会」**（鈴木幸子）を始めました。勝ったり負けたりしながら、心も体もきたえて、金太郎のような子どもたちが育ってほしい、そんな願いがこめられた行事です。

お祭りなどのとくべつなことではなく、毎日の生活で、地域の人たちとであっている子どもたちがいます。ふつうの日常が、とくべつなことと共に、子どもたちにとって、たいせつな時間なのだと感じさせた作品があります。

「かりん文庫」は、竹林や高い木に囲まれた小さなおうちにあります。この文庫には、中学生も小さな子も、時には車椅子に乗った人もやってきました。文庫を開いているおばさんは、枯れた木に、コゲラが巣をかけた時、子どもたちに「おどろかさないであげようね」と、言うような人です。静かな時間に、子どもたちは、何を見て何を感じたのでしょうか。「おへそ　あるん?」（松本由美子）は、いろいろな人がやってくる文庫から生まれたお話です。

「ぼくが学校にいけなかった時のこと」（田中純子）の主人公は、とつぜん、学校に行けなくなりました。あなただったら、どうします? 学校がきらいというわけではありません。こんなことは、だれにでもあること、かぜみたいな心の病気だという人がいます。でも、ぼくは、困っています。お母さんだって、困っています。そんなとき、すてきな場所を見つけました。そこには、お母さんみたいな、お医者さんみたいな人がいました。学校とはちがう場所ですが、主人公のぼくは、ここで心の深呼吸をして、ちょっとのあいだ休みました。ゆっくりしてもだいじょうぶと安心できるお話です。

「ミラクル　ミラクル」（樋口てい子）は、バザーが描かれています。みなさんも地域のバザーで、売る人になったり、買う人になったりするのでしょうね。バザーって、わいわいがやがや、呼び声が聞こえたり、にぎやかではありませんか。ところが、この作品からは、にぎやかな感じは伝わってきません。バザーの楽しさやにぎやかなようすを書いた作品ではないからです。この作品には、心が描かれています。気持ちと言ってもいいかもしれません。主人公も買いたい物がありました。でも、売り切れてしまいました。さあ、どうなるでしょう。感動のラストシーンを、ぜひ読んで下さい。

十六のお話に描かれた子どもは、どの子もよく動いていました。

体を動かして活動している子がいました。

外からは見えないけれど、心がよく動いている子がいました。

どの子もきっと、心も体も大きく育つにちがいありません。

どの子も宝物だと、わたしは思いました。

びわ湖のまわりには、宝物がいっぱいなんだと気がつきました。

そして、わたしは、もう一つ、すごい宝物を見つけました。

大人たちです。

学校にも地域にも、おうちにも、みなさんをたいせつに思う人がいるのです。

どんなときでも、どんなことでも、困ったら、すぐそばにあなたをすきな大人がいることを思い出してください。

「にじいろ宝箱」を、あなたにプレゼントできて、うれしいなと思っています。


表紙には、絵本作家の市居みかさんにすてきな絵を描いていただきました。この場を借りてお礼を申し上げます。

滋賀県児童図書研究会会長　今関信子

〈参考文献・協力いただいた方々〉（敬称略）

たらんぼ　タラッタ　オペレッタ
立岡秀寿（甲賀市立多羅尾小学校校長）
中村尚子（甲賀市立多羅尾小学校教頭）
古代ゾウ見つけるゾウ
小早川隆（多賀町古代ゾウ発掘プロジェクト事務局・多賀町立博物館館長）
長浜曳山まつり「シャギリ」
『曳山のまち』 社団法人長浜観光協会 2009年
『長浜曳山祭曳山しゃぎり』 長浜曳山祭囃子保存会
川村好平（長浜曳山まつり常磐山若衆）
ぼくが学校にいけなかった時のこと
唐子恵子（NPO法人　子ども自立の郷ウォームアップスクール ここから理事長）
オオサンショウウオが棲む里で
讀賣新聞「水環境保全が使命」2014年9月24日
滋賀夕刊「古橋のオオサンショウウオの不思議」2017年1月1日
村上宣雄（滋賀県生物環境アドバイザー・「古橋のオオサンショウウオを守る会」事務局長）
大山考一（「古橋のオオサンショウウオを守る会」会長）
久保田智臣（長浜市立高時小学校校長）
徳山清真・川瀬彩菜（長浜市立高時小学校教諭）
まみの土器つくり
川畑和弘（守山市教育委員会事務局文化財保護課主査）
中村大輔（草津市立渋川小学校教諭）
西村信作（守山市下之郷史跡公園環濠保存施設）
吉田献（守山市下之郷史跡公園環濠保存施設事務）
土山博子（発掘調査補助員）
金太郎相撲大会
長浜市西黒田まちづくりセンター
滋賀県相撲連盟
金太郎相撲大会開催実行委員会
朝日豊年太鼓踊
『み～な　VOL.128』 長浜み～な編集室　長浜み～な協会　2016年
矢野邦昭（米原市朝日区長）
岡田克美（米原市立大原小学校校長）
名倉正之（岡神社宮司）
米原市朝日区民のみなさん
「おへそ　あるん？」
『それゆけズッコケ三人組』 那須正幹　ポプラ社　1983年
『おへそのひみつ』 やぎゅうげんいちろう　福音館書店　2000年
ゆうれいビルが守った森
『滋賀の山野に咲く花』 澁田義行　サンライズ出版　2012年
「朝日新聞」1992年5月22、23日
「京都新聞」1992年5月22、23日
ハッタミミズを知ってるかい？
『琵琶湖ハッタミミズ物語』 渡辺弘之　サンライズ出版　2015年
草津市立笠縫東小学校のみなさん
大塚泰介（琵琶湖博物館学芸員）

（役職は取材当時のもの）

〈挿絵をかいた人たち〉(50音順)

一円重紀	古代ゾウ見つけるゾウ
伊藤空	ゆうきのマラソン大会
岸栄吾	たらんぼ　タラッタ　オペレッタ
中川佳代子	ミラクル　ミラクル
	ハッタミミズを知ってるかい?
西堀たみ子	長浜曳山まつり「シャギリ」
林田博恵	まみの土器つくり
	初めてのスキー
藤谷礼子	朝日豊年太鼓踊
古田紀子	ゆうれいビルが守った森
村田はるみ	オオサンショウウオが棲む里で
松本由美子	「おへそ　あるん?」
美濃部幸代	みんなで賤ヶ岳に登ったよ
	ほくが学校にいけなかった時のこと
	金太郎相撲大会
森田拓磨	北リンピックでガチンコ勝負

〈執筆者紹介〉（50音順）

阿部幸美　長浜市在住
今回が初創作

一円重紀　犬上郡多賀町在住
紙芝居『タンポポの夢』で第17回箕面手作り紙芝居コンクール優秀賞受賞
紙芝居『びわこのおうさま』滋賀県児童図書研究会企画・制作

今関信子　守山市在住
滋賀県児童図書研究会会長
日本児童文学者協会会員
日本ペンクラブ会員
『ぎんのなみおどる』朔北社
『大久野島からのバトン』新日本出版社
他多数

岸栄吾　草津市在住
『ぬまかっぱ』で第66回滋賀県文学祭童話部門で芸術祭賞受賞

草香恭子　大津市在住
全国児童文学同人誌連絡会「季節風」同人
日本児童文芸家協会会員

近藤きく江　大津市在住
日本児童文学者協会会員
児童文学創作「ごんたくれ」同人

鈴木幸子　長浜市在住
紙芝居『近江に伝わる金太郎』西黒田きんたろう会

田中純子　長浜市在住
「京子のなぎなたふり」『まつりものがたり』所収　サンライズ出版

中川佳代子　大阪府高槻市在住
染色作家　京都工芸美術作家協会会員
『ぼくたちの地蔵盆』サンライズ出版
『福ぶくろ』京都新聞社
『まつりものがたり』表紙　サンライズ出版
長浜子ども歌舞伎のぼり・タペストリー

西堀たみ子　長浜市在住
紙芝居『一豊と千代さま』で一豊・千代物語紙芝居コンクール優秀賞受賞
紙芝居『おたんじょう　おめでとう』滋賀県児童図書研究会企画・制作

林田博惠　守山市在住
家庭文庫「フローレス文庫」代表
児童文学創作「ごんたくれ」同人
北陸児童文学「つのぶえ」創作童話入選三回
『おれの名前』『ぼくのばあちゃん』『おまつり』

樋口てい子　大津市在住
日本児童文学者協会会員
児童文学創作「ひつじぐさ」同人
「けんたの赤いはちまき」『ゴジラのウインク』所収　童心社
「ぼくらさむがり四人組」で第64回滋賀県文学祭童話部門で芸術文化賞受賞

平松成美　高島市在住
自宅は絵本専門店カーサ・ルージュ
NPO法人絵本による街づくりの会理事長
児童向けの作品は本作が二作目

藤谷礼子　長浜市在住
紙芝居『にっこにこ』

古田紀子　京都府京都市在住
今回が初創作

松本由美子　湖南市在住
手作り紙芝居滋賀ネット「ぴょんた」会員

美濃部幸代　長浜市在住
元長浜市立（旧湖北町立）湖北図書館長
美術文化協会会員　滋賀県造形集団団員
『元三大師かるた』元三大師かるた制作委員会

村田はるみ　長浜市在住
「朝日の里まつり」『まつりものがたり』所収　サンライズ出版
紙芝居『わたりどりのカンちゃん』

にじいろ宝箱
～滋賀でがんばるお友だち～

2017年10月31日　初版第１刷発行

編　著　　滋賀県児童図書研究会
発行者　　岩根順子
発行所　　サンライズ出版株式会社
〒522-0004　滋賀県彦根市鳥居本町655-1
TEL 0749-22-0627
FAX 0749-23-7720

印刷製本　シナノパブリッシングプレス

定価は表紙に表示しています。
落丁・乱丁がございましたらお取り替えいたします。

ISBN978-4-88325-623-5 C8095
日本音楽著作権協会（出）許諾　第1709285-701号

『滋賀の子どものたからばこ』

滋賀県児童図書研究会 編

ISBN978-4-88325-506-1 C8095

定価　1300円+税

滋賀県には自慢したくなるモノやコトがいっぱい。私財を投じて図書館や学校を作った人、海津大崎の桜守をしている地域、歴史や文化を守り続ける人たち。それらをお話にして「たからばこ」に詰めました。

『続 滋賀の子どものたからばこ』

滋賀県児童図書研究会 編

ISBN978-4-88325-555-9 C8095

定価　1400円+税

「桃太郎」や「一寸法師」などの民話をおとぎ話としてまとめた巌谷小波、ディーゼルエンジンを作った山岡孫吉、文化や自然などを守り、受け継がれてきた人々の知恵や工夫のお話を「たからばこ」に詰めました。

サンライズ出版